高考西班牙语高分突破系列

高考西班牙语
高分突破

主　编　段　想　罗方凌　龚瑞霞

副主编　何方良　贾梦真　史琳娜
吴芙蓉　杨　姝　邹　佳

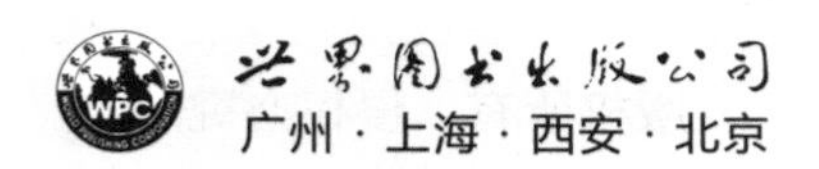

世界图书出版公司
广州 · 上海 · 西安 · 北京

图书在版编目（CIP）数据

高考西班牙语高分突破. 写作 / 段想，罗方凌，龚瑞霞主编；何方良等副主编. —广州：世界图书出版广东有限公司，2024.4

ISBN 978-7-5232-1187-8

Ⅰ. ①高… Ⅱ. ①段… ②罗… ③龚… ④何… Ⅲ. ①外语课—高中—升学参考资料 Ⅳ. ①G634.443

中国国家版本馆CIP数据核字（2024）第054071号

书　　名　高考西班牙语高分突破·写作
　　　　　GAOKAO XIBANYAYU GAOFEN TUPO XIEZUO
主　　编　段　想　罗方凌　龚瑞霞
副 主 编　何方良　贾梦真　史琳娜　吴芙蓉　杨　姝　邹　佳
责任编辑　王鸿仪　魏志华
装帧设计　书艺歆
责任技编　刘上锦
出版发行　世界图书出版有限公司　世界图书出版广东有限公司
地　　址　广州市海珠区新港西路大江冲25号
邮　　编　510300
电　　话　020-84184026　84453623
网　　址　http://www.gdst.com.cn
邮　　箱　wpc_gdst@163.com
经　　销　各地新华书店
印　　刷　广州市迪桦彩印有限公司
开　　本　787mm×1092mm　1/16
印　　张　15.5
字　　数　382千字
版　　次　2024年4月第1版　2024年4月第1次印刷
国际书号　ISBN 978-7-5232-1187-8
定　　价　48.00元

咨询、投稿：020-84183942　asteriamalfoy@163.com

前　言

2018年，教育部发布普通高中最新课程方案，西班牙语被正式纳入高中教学，成为高考外语六大语种之一。自此，全国越来越多的中学开始引入西班牙语作为高考外语科目或作为第二外语选修。随着学习西班牙语的中学生人数的增加，老师和学生们对相关配套教辅资料的需求也越来越大，但苦于西班牙语高考的备考资料稀缺，相关的作文书籍更是少之又少。为此，我们精心为大家准备了《高考西班牙语高分突破·写作》，竭力帮助广大师生解决在教学和备考中遇到的痛点和难点问题，轻松应对高考。

本书的编写基于对历年高考真题中写作的重点和方向的研究，以《普通高等学校招生全国统一考试大纲及考试说明（西班牙语）（第2版）》《普通高中西班牙语课程标准（2017年版2020年修订）》和“2024年高考综合改革适应性训练西班牙语新课标试卷”为主要编写依据。整体设计贴近考试实际，能切实帮助考生进行高考作文训练。

本书主要分为四大部分：第一部分为高考西班牙语写作基本知识的介绍，包括高考写作要求，高考写作的概念、特点，以及写作中常见的问题和注意事项。第二部分为8篇高考真题范文及8篇模拟范文，为学生提供真题作文及类似话题写作的思路。第三部分是作文分类讲解，包括记叙文、议论文和书信，共计46篇，让学生掌握不同文体的写作方法，以便灵活运用。第四部分为应用文讲解，涵盖通知、启事、倡议、留言、发言稿等18个不同的文体和话题。全书作文共计80篇，每篇均配有重点词汇、常见短语、文章详解以及相关的知识拓展。值得一提的是，在每篇作文的最后我们还精心准备了“触类旁通”板块的针对性写作练习，帮助学生在阅读和写作中有意识地总结和复习高频考点，积累词汇，强化语法，查漏补缺，提高自身语言综合运用能力。让学生从没话说、不会写、不敢写到敢于动笔、不断输出，真正做到学以致用、举一反三！

在此，我们向世界图书出版广东有限公司副总经理刘正武先生和公司的西班牙语负责人王鸿仪女士致以诚挚的谢意，感谢他们在本书编写过程中给予的大力支持。

希望这本书能对广大同仁、学子在西班牙语学习和备考的道路上提供一些帮助和启示。

由于编者经验有限，本书编写中可能存在疏漏，敬请广大读者批评指正，共同完善。感谢您的支持！

罗方凌
2024年3月

目　录

PARTE 1　高考西班牙语写作基本知识　/　001

PARTE 2　高考真题范文与模拟范文　/　006

PARTE 4 应用文讲解 / 217

Parte 1

高考西班牙语写作基本知识

一 高考西班牙语写作要求

写作是四项语言技能中不可或缺的组成部分，更是语言生成能力的重要表现形式。在西班牙语高考试题中，该部分要求考生根据提示进行书面表达。考生应能：

（1）准确使用语法和词汇

语言的准确性是写作中不可忽视的一个重要方面，因为它直接或间接地影响到信息的准确传输。应用语法结构和词汇的准确程度是写作部分评分标准中的一项重要内容。

（2）使用一定的句型、词汇，清楚、连贯地表达自己的意思

任何一篇文章都需要有一个主题，作者应该围绕该主题，借助一些句型、词组清楚、连贯地表达自己的思想。

在教学提示中，我们发现有几个关键点需要注意：首先，学生应准确使用词汇，这需要他们结合语境理解词汇含义，并掌握准确理解和使用词汇的方法。其次，学生应使用语法规范且符合情境与任务需要的表达，这意味着他们需要理解语法规范并不等于语言表达准确、恰当。只有语法规范且符合情境与任务需要的表达，才是准确的表达。

在阅读方面，学生需要达到一定的阅读量。课程级别5级要求学生课外阅读量应累计达到7.5万词。此外，学生还需要能够填写较复杂的表格，撰写简历和申请，概括文章的主要观点并转述，以及就感兴趣的学习和生活主题撰写简单、完整的文章。

在词汇量上，学生需要学习与本级主题和情境有关的2000～2600个单词，并能够较熟练地运用1300个左右的单词进行表达。此外，他们还需要能够正确

区分常用词及其同义词、近义词和反义词的含义，并选择合适的句型完成命令、赞扬、责备、意愿表达、事实陈述、叙述、描写和猜测等项目。

在思维品质方面，学生应具备一定的抽象概括能力，能够对所学知识进行系统的归纳、整理，构建适合自己的思维模式及知识体系。此外，他们还需要具备一定的分析能力和思维灵活性，能够从不同角度发现问题、思考问题，并能从中寻求规律，解决问题。

总的来说，高考西班牙语写作要求学生能够准确使用词汇，使用规范语法且符合情境与任务需要的表达，同时具备一定的阅读量、词汇量和思维品质。这些要求旨在确保学生在写作中能够得心应手，有效地描述事实、表达意愿和陈述观点。

普通高中西班牙课程标准（2017年版2020年修订）

内容要求

课程类型	主题	情境
必修Ⅰ	1. 问候与告别 2. 人物介绍 3. 兴趣爱好 4. 地点描述 5. 日常生活 6. 致谢与致歉	1. 朋友见面 2. 自我介绍，介绍他人 3. 社团招新 4. 描述教室和住宅 5. 谈论学校生活、家庭生活 6. 接受帮助或礼物，表达歉意
必修Ⅱ	1. 城市与国家 2. 天气与气候 3. 寻求帮助 4. 表达请求和意愿 5. 祝愿与祝贺 6. 经历介绍	1. 介绍家乡和西班牙语国家 2. 谈论天气，介绍气候 3. 交通出行 4. 就餐，就医，购物 5. 参加生日、节日聚会 6. 讲述过去的事情
必修Ⅲ	1. 人物介绍 2. 活动介绍 3. 经历介绍 4. 人与自然 5. 时代变迁 6. 阐述观点	1. 讲述名人生平和偶像故事 2. 讲述中外节日和庆祝活动 3. 回忆童年、假期等 4. 讲述宠物故事，谈论自然保护区 5. 介绍城市与生活方式的变化 6. 比较城乡生活、习俗等

（续上表）

课程类型	主题	情境
必修Ⅳ	1. 推荐与自荐 2. 情绪表达 3. 政治 4. 经济 5. 艺术 6. 地理	1. 谈论书籍、电影、产品等 2. 表达喜、怒、哀、乐等情感 3. 介绍政治制度、政治人物 4. 介绍经济状况、产品品牌 5. 介绍一幅画或一种服饰 6. 谈论西班牙语国家的自然地貌

二 西班牙语高考写作的类型和特点

根据2024年教育部教育考试院发布的《2024年高考综合改革适应性测试》来看，西班牙语试卷中写作部分的题型结构以及分值均有所变动，体现在以下几点：

（1）题型结构变化：写作部分由原来的总共三节任务改为两节任务，原有写作部分中第一节和第二节的翻译题更替为30～50词的短篇应用文写作。

（2）分值变化：写作部分总分值由40分改为35分；原第三节任务的作文分值有所上升，由原来的20分改为25分，字数也由原来的80～100词改为90～110词。

（3）出题方式变化：写作题目和要求改为中文，写作主题、目的和要点更加明确，极大便利学生审题。

写作类型	分值	字数	题目类型
第一节	10	30～50	便签、邮件、启事、通知等
第二节	25	90～110	议论文、记叙文、书信等

第一节应用文写作特点是“短小精悍”，考查学生在生活场景中是否能够准确、简洁地进行书面表达。写作时要注意审题准确，确定题目类型，把握不同类型下的书写格式和语言风格。同时确保要点完整清晰，行文具有逻辑性。

第二节写作的特点分别以文体类型分析，例如：

记叙文通过叙述事件、构建情节和塑造人物来表达主题和情感。在写作过程中，需要注意时间、地点、人物，以及事件的开端、发展、高潮和结局等基本要素，同时要明确主题和情感，安排故事情节和塑造人物形象。在语言风格上，需要使用高级并准确的词语和句型，还需要做到句型句式的多样化。具体来说：段

1要开门见山；段2要重点指出发生的事件；段3要再次点题并表达这件事情对作者更深远的积极影响。

议论文写作旨在对话题或观点进行分析并表达立场，论点清晰、论据逻辑严密是关键。写作步骤包括话题导入、论据分点阐述和总结重申态度。

书信写作应用性特质强，用于多个交际场景，涉猎叙述和议论。根据写信对象分为正式和非正式信函，要求熟练掌握格式和写作技巧。信函由问候、正文、结束语组成，根据题目要求进行写作。

本书将详细讲解不同题型的写作技巧。

三 写作的常见问题和注意事项

学生在西班牙语写作中存在以下问题：

1. 整体性问题

（1）漏写标题：标题是文章的重要标识，不可遗漏。

（2）读不懂题目，导致无话可说，作文字数不够：需要加强题目理解，并充分展开论述。

（3）没有进行有效分段，逻辑混乱，句子之间意思重复：分段是组织文章的关键，需要合理划分段落，避免内容重复。

（4）出现单词拼写、重音符号、动词变位等书写性错误：需要加强语言基本功训练，注意单词的正确拼写和语法使用。

（5）只用简单词汇，不会运用较复杂的高级句式：需要提高词汇量和句式运用能力，丰富语言表达方式。

（6）字迹潦草，难以辨认：需要端正书写态度，注意卷面整洁清晰。

2. 记叙文问题

（1）闲篇过多，流水账叙事，没有紧密切合主题，没有总结或抒情段：需要明确文章主题，突出重点，适当总结和抒情。

（2）时态运用不当，变位错误明显：需要正确运用时态和动词变位，表达准确的时间和动作。

（3）过多使用直接引语，使文章看起来像是对话记录：需要合理使用直接引语，避免文章过于单调。

（4）编造故事，过于离奇：需要结合实际情况，合理串连故事情节。

3. 议论文问题

（1）没有理解题意，论述方向出现偏差：需要准确理解题目要求，明确论述方向。

（2）论点杂糅、重复，没有逻辑关系：需要提炼清晰、有逻辑的论点，避免重复。

（3）人称混乱，"yo""tú""nosotros"交替出现，使论证不够清晰有力：需要统一人称使用，增强论证的清晰度和说服力。

4. 书信问题

（1）格式不对（空格、标点、问候等）：需要正确掌握书信格式和规范用语。

（2）人称使用错误：需要准确使用人称代词，避免混淆。

（3）没有完全满足题目要求，漏写要点：需要认真审题并按照题目要求完整书写要点。

5. 结构和格式问题

在写作中还需要注意以下事项：

（1）正确理解并精准把握题目要求，明确写作方向。

（2）应该按照内容和逻辑进行清晰的分段。

（3）正确使用句式结构，注意单词拼写、性数一致和用词准确。

（4）文章应有内部逻辑联系，并通过连接词、过渡句进行明确。

（5）满足字数要求（为了说理清晰完整，议论文可写至120词左右）。

（6）字迹工整，卷面干净。

标点符号书写规则如下：

逗号（ , ）：表示一句话中间的停顿，同时也作为西班牙语中的小数点使用。

句号（ . ）：表示一句话的结束，注意是实心的点而不是空心圆。同时也作为千位分隔符，以便阅读多位数字。

感叹号（¡ !）和问号（¿ ?）：表示感叹或疑问语调。在西班牙语中，它们是双重符号，即在句子的开头和结尾都必须写上相应的正反符号。这一点在书写中常常被遗漏，需要特别关注。

分号（ ; ）：表示介于逗号和句号之间的暂停。用于分离没有连接词但语义上相关的句子。

冒号（ : ）常见于以下两种情况：

（1）在信件、电子邮件、明信片的问候语后使用。例如：Querido Pedro:

（2）在列举内容前使用，例如：Hay tantas frutas en el mercado: fresas, manzanas, plátanos, etc.

省略号（...）是三个连续的点，需要注意区别于由六个点组成的中文省略号。

Parte 2

高考真题范文与模拟范文

本章精选近六年（2018～2023）八个高考真题，并根据新高考作文题型给出作文要求、范文和详解，同时还附有类似主题的模拟范文。

高考范文1 La importancia de organizar bien el tiempo（2023年6月）

写作背景

在繁忙而充实的生活中，或许我们会感觉时间不够用。有效管理时间，有助于我们提升效率、避免混乱。请结合你的生活经历，以“La importancia de organizar bien el tiempo”为题，用西班牙语写一篇短文。

注意：词数90～110个。

范文与译文

La importancia de organizar bien el tiempo

Organizar bien el tiempo nos permite ser más eficientes y evitar errores innecesarios en nuestras actividades diarias.

Por un lado, una buena organización del tiempo nos ayuda a lograr mucho más durante un tiempo determinado. Es decir, seremos más productivos y ganaremos más tiempo para dedicarnos a nuestras aficiones. Por otro lado, cuando nos enfrentamos con un montón de asuntos complicados, es común que cometamos errores constantemente y perdamos el tiempo en los líos. En este caso, se destaca la importancia de organizar bien el tiempo para reducir el estrés y la ansiedad.

Con el fin de organizar el tiempo de manera efectiva, es fundamental que establezcamos prioridades y objetivos claros.

译文

管理好时间的重要性

妥善安排时间可以提高我们做事的效率，避免日常活动中出现不必要的错误。

一方面，良好的时间管理可以帮助我们在给定的时间内取得更大的成就。换句话说，我们的效率会更高，并将有更多时间用于自己的爱好。另一方面，当我们面对很多复杂的问题时，我们常常会不断犯错，在混乱中浪费时间。在这种情况下，管理好时间以减轻压力和焦虑的重要性就凸显出来了。

为了有效地安排时间，我们必须设定明确的优先事项和目标。

重点词汇及短语

permitir *tr.* 允许；使……成为可能
evitar *tr.* 避免
error *m.* 错误
innecesario, ria *adj.* 不必要的
planificación *f.* 计划
lograr *tr.* 获得
determinado, da *adj.* 确定的
productivo, va *adj.* 有生产力的
afición *f.* 爱好
un montón de 大量的
cometer *tr.* 犯下
constantemente *adv.* 不断地
perdido, da *adj.* 迷失的
lío *m.* 麻烦
destacarse *prnl.* 凸显出
estrés *m.* 压力
ansiedad *f.* 焦虑
sensación *f.* 感觉
efectivo, va *adj.* 有效的
fundamental *adj.* 重要的
establecer *tr.* 建立
prioridad *f.* 优先级
distracción *f.* 使人分心的事物
tentación *f.* 诱惑

写作主题

（议论文）为何要管理时间、如何合理规划时间、如何高效学习、为什么要做出计划等。

文章详解

首先强调管理好时间的重要性，引出两个方面的好处：提高效率、避免犯错。然后分点举例论述或以讲道理的方式论述这两点影响。最后提出一个建议，呼应开头。

段1：开门见山，直接表达管理好时间可以带来哪方面的好处。也可以用背景+观点的方式作为开头，例如：

En la sociedad actual, caracterizada por un ritmo de vida acelerado, la organización adecuada se ha vuelto más importante que nunca.

在快节奏生活的现代社会，有效地管理时间变得前所未有的重要。

段2：分别论述了管理好时间可以让我们提高效率、避免犯错。这两点用两个连接词（Por un lado, por otro lado）串联起来，让文章更有条理。使用道理论证让观点更有说服力。还可以提出以下观点：

Otro beneficio es que nos permite encontrar un buen equilibrio entre el trabajo, el estudio y el ocio.

另一个好处在于它能够让我们找到工作、学习和休闲之间的平衡。

段3：针对“重要性”提出做法来呼应开头。在强调“重要性”的作文当中，最好的结尾方式是针对其重要性提出措施或计划，切忌提出与上文无关的措施。管理时间其实就是强调提前做好规划的重要性，还有以下做法可以借鉴：

Es necesario que aprendamos a decir “no” a las tentaciones y actividades que no contribuyen a nuestros objetivos, para así poder concentrarnos en lo que realmente importa.

我们有必要学会拒绝诱惑和拒绝那些与无助于我们目标的活动，这样我们就可以集中精力做真正重要的事。

词汇拓展

eficiencia *f.* 效率
listo, ta *adj.* 头脑清醒的
gestión *f.* 管理
aprovechar al máximo 充分利用
satisfactorio, ria *adj.* 令人满意的
herramienta *f.* 工具
enfocarse en 聚焦
esencial *adj.* 基础性的，重要的

句子拓展

1. 总领句

Existen diversas herramientas y técnicas para la gestión del tiempo.

时间管理的工具和技巧多种多样。

2. 强调重要性

Si aprendemos a priorizar nuestras tareas más esenciales y nos enfocamos en lo importante, podemos evitar la pérdida de energía.

如果我们优先考虑我们的首要任务，聚焦到最重要的事情上，就可以避免浪费精力。

3. 过渡句

Además de aumentar la producción, la gestión efectiva del tiempo permite disfrutar de un equilibrio entre la vida laboral y los pasatiempos, creando así una condición que favorece tanto el rendimiento como la satisfacción personal.

除了优化生产力，有效的时间管理还能够实现工作和爱好之间的平衡，创造一个既提高工作效率又满足个人需求的条件。

模拟范文1 La importancia de una vida sana

写作背景

健康生活是实现个人幸福和成功的基础，其目的是维持身体和心理的健康状态，健康的生活方式体现在饮食、运动等多个方面。请结合你的生活经历，以“La importancia de una vida sana”为题，用西班牙语写一篇短文。

注意：词数90～110个。

范文与译文

La importancia de una vida sana

En la actualidad, cada vez más personas prestan atención a la salud. Todos sabemos que una vida saludable es muy importante y necesaria.

Una vida saludable no solo implica una mejor salud, la cual nos ayuda a mantenernos libres de diversas enfermedades, sino también una mejor resistencia al estrés y a la ansiedad. Por ello, es necesario que tomemos unas medidas beneficiosas para conseguir una vida sana y de calidad.

En primer lugar, debemos seguir una dieta equilibrada, rica en verduras, frutas y alimentos bajos en grasas. Además, la actividad física, ya sea correr o nadar, debemos realizarla con regularidad. Finalmente, necesitamos mantener algunos buenos hábitos de vida, como evitar quedarnos despiertos hasta tarde.

En definitiva, solo con una vida sana podemos disfrutar de la felicidad física y mental.

译文

健康生活的重要性

现在，越来越多的人重视健康。众所周知，健康生活是重要且必要的。

健康的生活不仅仅意味着身体健康，让我们远离各种疾病，还意味着能够更好地抵抗压力和焦虑。因此，我们有必要为了健康、高质量的生活采取一些有益的措施。

首先，我们应该均衡膳食，多吃蔬菜、水果和低脂肪的食物。此外，应该定期锻炼，比如跑步或游泳。最后，我们要保持一些良好的生活习惯，比如不熬夜。

总之，只有拥有健康的生活，我们才能身心健康。

重点词汇及短语

prestar atención a 关注	dieta equilibrada 均衡饮食
implicar *tr.* 意味	con regularidad 定期地、规律地
mantenerse libre de 免于	quedarse despierto 醒着
resistencia *f.* 抵抗力	en definitiva 总之
es necesario que 必需的	disfrutar de 享受

文章思路

本篇文章围绕“健康生活的重要性”这个主题而写。一共四个自然段，行文总体为“总—分—总”结构。开篇言简意赅，直接点题，表明健康生活非常重要，紧接着第二段说明健康的生活意味着“身心健康”，并且需要采取行之有效的措施。第三自然段是具体措施的列举，包括均衡膳食、锻炼和保持一些良好的习惯等。文章末尾总结点题，再次呼应文章开头健康生活的重要性。

触类旁通

现如今，体育已成为人们日常生活的重要组成部分，全民健身和全民健康不断深度融合。请以“La importancia de hacer deportes”为题，用西班牙语写一篇短文。

注意：词数90～110个。

高考范文2 Un cumpleaños especial que recuerdo（2023年1月）

写作背景

生日，在每个人的生命中都有着特殊的意义，对于不同人来说，它可能意味着成长、总结或期待。请结合你的生活经历，以“Un cumpleaños especial que recuerdo”为题，用西班牙语写一篇短文。

注意：词数90～110个。

范文与译文

Un cumpleaños especial que recuerdo

Todavía recuerdo aquel cumpleaños tan diferente a los anteriores.

Me desperté temprano y me sorprendió encontrar mi casa llena de globos y serpentinas. Todos mis amigos estaban reunidos en el salón. Sí, mis amigos y familiares habían decorado todo durante la noche para la ocasión.

En el transcurso del día, fuimos a ver una película juntos, salimos a comer pizza y después fuimos al zoo. Cada lugar se convirtió en una nueva experiencia gracias a la creatividad de mis amigos.

Cayó la noche. Disfrutamos de una cena sorpresa, todos me cantaron “Feliz cumpleaños” y soplé las velas mientras pensaba en lo afortunado que era por tener una familia y amigos tan increíbles.

译文

一个特别的生日

我仍然记得那个与以往不同的生日。

我一早醒来，惊讶地发现我的家里挂满了气球和彩带，所有的朋友都聚集在客厅里。是的，我的朋友和家人在前一晚为我的生日装饰了整个房子。

在这一整天里，我们一起去看了一部电影，出去吃了比萨，然后去了动物园。朋友们的创造力让我们去的每个地方都变成了一次新的体验。

夜幕降临。我们享受了一顿惊喜晚餐，大家一起唱起了“生日快乐”，我吹灭了蜡烛，心想着自己有这么多了不起的家人和朋友，真是幸运。

重点词汇及短语

especial	*adj.*	特别的
celebración	*f.*	庆祝
anterior	*adj.*	之前的
recordar	*tr.*	记住
caer	*intr.*	(夜幕)降临
disfrutar	*intr.*	享受
decorar	*tr.*	装饰
ocasión	*f.*	场合
transcurso	*m.*	(时间)流逝
convertirse	*prnl.*	变成
experiencia	*f.*	体验，经历
creatividad	*f.*	创造力
sorprender	*intr.*	使感到惊讶
globo	*m.*	气球
serpentina	*f.*	彩带
soplar	*tr.*	吹
afortunado, da	*adj.*	幸运的
increíble	*adj.*	不可思议的

写作主题

（记叙文）记一次生日、记一次派对、准备生日惊喜等。

文章详解

开篇点题，说出这个生日难忘又特别的原因。因为是记事类作文，所以可以按照时间顺序来展开叙述，从早到晚讲述自己和朋友、家人如何度过这个生日，以及在生日中的感受。最后升华主题，强调在生日中不仅仅获得了惊喜，还感悟到了友情和亲情的可贵。

段1：开篇点题，用一个定语从句交代这个事件的主要参与者（“我”、家人、朋友）。用一个结果从句说明这个生日的特别之处以及“我”现在还记得它的原因。写记叙文还可以用一个比较“万能”的开头方式：

Al mencionar el tema de cumpleaños, viene a mi mente una experiencia especial sucedida con mi mejor amiga.

一提到生日这个话题，一个与我朋友发生的特殊经历就浮现在我脑海里。

段2：动作描写和场景描写开头，点出朋友和家人为“我”的生日所做的事。在记叙文中尽量在适当位置安排场景描写（过去未完成时为主）、动作描写（简单过去式为主）、心理活动描写，还可以在恰当的位置写出用como si引导的比喻句。

Al ver las sorpresas que me habían preparado, mi emoción llegó a lo más alto como si hubiera florecido una flor bonita en mi corazón.

一看到他们为我准备的惊喜，我激动的心情一下到达了顶峰，就好像心里开出了一朵美丽的花。

段3：直接用动词罗列“我”和朋友一起做的事，从与朋友相处的角度来描述这个生日的难忘之处。建议学生平时多积累休闲活动的表达，比如hacer senderismo（徒步旅行）, pescar（钓鱼）, montar a caballo（骑马）, visitar galerías de arte（参观艺术画廊）, hacer manualidades（做手工）。

段4：推向高潮，朋友家人聚在一起唱生日歌，并由此发出“我”的感悟：友情和亲情十分可贵。记叙文中的升华主题是一个加分的环节，学生应以一些美好的品质作为主题，从而有意识地进行主题的升华。容易联想到的主题有：自信（confianza）、善良（bondad）、自立（independencia）、乐观（optimismo）、勤奋（afán）、宽容（tolerancia）、节俭（ahorro）、负责（responsabilidad）、感恩（agradecimiento）、自省（introspección）。

词汇拓展

memoria *f.* 记忆	adornar *tr.* 装饰
los seres queridos 亲近的人	aniversario *m.* 周年纪念
regalar *tr.* 送礼物	compañía *f.* 陪伴
excepcional *adj.* 特别的	inolvidable *adj.* 难忘的
agradecimiento *m.* 感激之情	felicitación *f.* 祝福

句子拓展

1. 共享晚宴的情感表达

Al mismo tiempo que compartimos el momento maravilloso, esperimentamos una conexión más profunda, llena de calor y cariño mutuo.

在我们共享着这美妙时刻的同时，我们也在感受着彼此之间的温暖和爱。

2. 感激心情的情感表达

El agradecimiento llenó mi corazón al reflexionar sobre el esfuerzo y la dedicación de mis seres queridos para hacer de ese día algo tan excepcional. Cada felicitación de cariño y cada gesto de afecto quedaron recordados en mi memoria.

对于我家人朋友为创造如此特别的一天所付出的努力和奉献，我心怀感激。每一条充满温暖的祝福和每一个深情的举动，都被记录在了我的记忆中。

3. 对特殊生日的情感表达

A medida que las luces de las velas se apagaban y la celebración llegaba a su fin, surgió en mi interior un deseo de prolongar la alegría de ese día especial.

随着烛光的消退和庆祝活动的结束，我内心产生了一种渴望，希望延长那特殊日子的喜悦。

4. 告别时刻的主题升华

Este día inolvidable no solo dejó recuerdos hermosos, sino que también me hizo apreciar más la amistad y la familia, dejándome desear la llegada de mi próximo cumpleaños.

这个难忘的一天不仅仅给我留下了美好的回忆，而且还让我更加珍视友情和亲情，让我期待着下一个生日的到来。

模拟范文2 Una experiencia que me hizo feliz

写作背景

在回顾过去时，我们总能够想起一些幸福的事。某一次旅行、某一场相遇或某一次新体验，每每想起总让人思绪万千。请结合你的生活经历，以“Una experiencia que me hizo feliz”为题，用西班牙语写一篇短文。

注意：词数90～110个。

范文与译文

Una experiencia que me hizo feliz

Como tú, muchas veces me he preguntado qué es la felicidad. En mi opinión, la felicidad es simplemente ayudar a los necesitados.

El mes pasado, participé en un grupo de voluntarios para ayudar a los ancianos en el asilo. Ese día el responsable nos dividió en tres grupos y nos asignó diferentes tareas. Me encargué de contar chistes, limpiar sus habitaciones y enseñarles pacientemente cómo utilizar un teléfono inteligente. Cuando estábamos a punto de salir, me estrecharon la mano y me dieron las gracias. Cuando vi sus sonrisas, me di cuenta de que ayudar a los demás me hace muy feliz.

En resumen, la experiencia fue muy graficante y valiosa, porque mientras brindamos felicidad a otros, obtenemos el doble de felicidad.

译文

一件让我感到幸福的事情

和你一样，我曾多次问过自己什么是幸福。在我看来，幸福就是帮助那些需要帮助的人。

上个月，我加入了一个帮助养老院老人的志愿者小组。首先，负责人把我们分成三个小组并分配了不同的任务。我给老人们讲笑话，打扫他们的房间，并耐心地教他们如何使用智能手机。当我们正要离开的时候，他们便拉着我的手对我表示感谢。看着他们的微笑，我意识到帮助别人会让自己感到无比幸福。

总之，这次经历是非常有意义和价值的。因为在带给别人幸福的同时，我们会得到双倍的幸福。

重点词汇及短语

preguntarse *prnl.* 自问
en mi opinión 依我来看
participar en 加入
asilo *m.* 养老院
teléfono inteligente 智能手机
a punto de 正打算要
estrechar la mano 握手
dar las gracias 致谢
darse cuenta de que 意识、察觉
significante *adj.* 有意义的
brindar felicidad a otros 带给他人幸福
obtener el doble de felicidad 获得双倍的幸福

文章思路

本篇文章采取传统“三段式”结构，开篇点题“幸福就是帮助那些需要帮助的人”。接下来文章主体部分简单讲述了去养老院做服务这一事件，点出帮助他人的快乐。结尾呼应开头，通过“帮助他人会获得双倍的快乐”再次点明主旨。“一件让我感到幸福的事情”这个主题贴近生活，简单易写。选取自己身边发生过的某个具有代表性的事件叙述（注意时态运用），并说明该事件为什么让自己感到开心幸福即可。

触类旁通

我们常常会为朋友准备惊喜，也常常会收到朋友为我们准备的惊喜。在准备惊喜或收到惊喜的过程中，你有什么感受？请以“Lo que siento cuando preparo/recibo una sorpresa”为题，用西班牙语写一篇短文。

注意：词数 90～110个。

高考范文3 El placer de compartir（2022年6月）

写作背景

如果你把快乐告诉一个朋友，你将得到两份快乐，这就是分享的独特的魅力。对此，你有什么看法？请结合你的生活经历，以“El placer de compartir”为题，用西班牙语写一篇短文。

注意：词数90～110个。

范文与译文

El placer de compartir

Al compartir, seguro que sentimos un gran placer, porque estamos creando una conexión especial con el mundo que nos rodea. Puede ser un regalo material, una comida, alguna experiencia o nuestros pensamientos.

Al compartir una comida, por ejemplo, estamos creando un ambiente cálido y acogedor en el que todos nos sentimos cómodos y felices. Y al compartir una experiencia, estamos creando recuerdos que durarán toda la vida. Cuando decidimos compartir nuestras cosas y nuestro tiempo, estamos demostrando que somos seres humanos llenos de amor a los demás.

En conclusión, el placer de compartir es una forma maravillosa de conectar con el mundo. Así que no lo pienses dos veces y comparte todo lo que puedas: ¡verás cómo te llena de felicidad!

译文

分享的乐趣

通过分享，我们肯定会感到快乐，因为我们正在与周围的世界建立一种特殊的联系。我们可以分享一件礼物，一顿饭，一些经验或我们的想法。

例如，通过分享一顿饭，我们可以创造出一个温暖而温馨的氛围，让我们都感到舒适和快乐；通过分享经验，我们就能拥有终生难忘的回忆；当我们决定分享我们的物品和时间时，我们就向他人表明我们是充满爱的人。

总之，分享的乐趣是与世界联系的绝妙方式。所以不要再犹豫了，尽可能多地分享吧，你会看到它是如何让你充满幸福的！

重点词汇及短语

compartir	*tr.*	分享	acogedor, ra	*adj.*	好客的
placer	*m.*	喜悦	recuerdo	*m.*	回忆
crear	*tr.*	创造	durar	*intr.*	持续
conexión	*f.*	联系	decidir	*tr.*	决定
rodear	*tr.*	围绕	demostrar	*tr.*	展现
material	*adj.*	物质的	forma	*f.*	方式
pensamiento	*m.*	想法	maravilloso, sa	*m.*	美妙的
ambiente	*m.*	氛围	conectar	*tr.*	联系
cálido, da	*adj.*	热情的	felicidad	*f.*	幸福

写作主题

（议论文）学会分享、与人合作、团队的力量、共享的重要性

文章详解

这篇文章探讨了分享的重要性和喜悦。

段1：讨论分享的多样性，包括礼物、美食、经历和思想。这种广泛的定义表明分享不一定是有形的，还可以包括感情和思想层面。还可以以“下定义”的方式开头，例如：

Compartir es una experiencia única que nos llena el corazón de placer y nos une más estrechamente con los demás.

分享是一种独特的体验，它让我们的心灵充满愉悦，让我们与他人更紧密地联系在一起。

段2：着重强调分享的积极影响。分享能够创造温馨宜人的氛围，让每个参与者都感到舒适和愉快，并留下终身难忘的回忆。此外，在写作时还可以讨论分享的内容、分享的方式、分享的对象，不要局限为一个角度。本文着重讨论的是分享的内容和方式。这一段还可以讨论“分享的对象”：

Compartir con amigos puede fortalecer la comprensión y la confianza mutuas, compartir con la familia puede mejorar la conexión y la comunicación entre los familiares, y compartir con los internautas puede ayudarnos a conocer a más amigos que tienen experiencias similares.

与朋友分享能够增进彼此理解和信任，与家人分享可以加强家庭成员间的联系和沟通，与网友分享可以认识更多有相同经历的朋友。

段3：总结文章的核心观点，强调分享是与世界建立美好联系的方式。最后呼吁读者不要犹豫，分享一切可能的东西，并表示通过这种行为可以体验到满足感和幸福。

词汇拓展

generosidad	*f.*	慷慨	comodidad	*f.*	舒适感
intimitad	*f.*	亲密关系	transmitir	*tr.*	传递，传达
gastronomía	*f.*	美食	enriquecer	*tr.*	使……丰富
perdurar	*intr.*	持续存在	tesoro	*m.*	宝藏

句子拓展

1. 分享的重要性

Compartir momentos especiales con amigos y seres queridos crea una conexión única que perdura en el tiempo.

与朋友和亲人分享特殊时刻可以创造出一种独特、持久的联系。

2. 如何分享

La generosidad de regalar algo material puede transmitir afecto y cuidado de una manera tocable.

慷慨地赠送物质礼物可以以一种有形的方式传递情感和关怀。

3. 分享的乐趣

La belleza de compartir experiencias consiste en la construcción de recuerdos que se conviertan en tesoros a lo largo de la vida.

分享经历的美妙之处在于它能创造出一生难忘的宝贵回忆。

模拟范文3 La importancia de estudiar en grupo

写作背景

小组学习可以促进学生对知识的全面理解，它是现代教育中不可缺失的一环，越来越多的人意识到它的重要性。请结合你的生活经历，以“La importancia de estudiar en grupo”为题，用西班牙语写一篇短文。

注意：词数90～110个。

范文与译文

La importancia de estudiar en grupo

Sin duda, el aprendizaje en grupo es una práctica muy provechosa. Se ha convertido en la forma más común e importante de aprender entre los estudiantes. Personalmente, soy partidario de eso.

En primer lugar, trabajar en equipo puede mejorar nuestras habilidades de comunicación y cultivar el espíritu de equipo. En segundo lugar, esta forma no solo moviliza el entusiasmo de los miembros, sino que también permite que cada uno aproveche al máximo sus propias ventajas para resolver problemas de manera eficiente y rápida. Por último, estudiar en grupo también facilita el intercambio de ideas para que no haya puntos de vista divergentes.

En fin, el aprendizaje en grupo es beneficioso para toda nuestra vida y es la clave del éxito.

译文

小组学习的重要性

毫无疑问，小组学习是一种有益的实践。它已成为了一种在学生之间最普遍和重要的学习方式。就我个人而言，我非常支持这一学习方式。

首先，小组学习能够提升我们的交际能力、培养团队精神。其次，小组学习不仅能调动成员们的积极性，还能让每个人充分发挥他的优势来高效、快速地解决问题。最后，小组学习促进思想交流，避免产生分歧。

总之，小组学习有益于我们的一生，同时也是我们成功的关键。

重点词汇及短语

aprendizaje *m.* 学习
provechoso, sa *adj.* 有益的
estudiar en grupo 小组学习
partidario, ria *adj-s.* 支持的（者）
habilidad de comunicación 交际能力
cultivar el espíritu de equipo 培养团队精神
asignado, da *adj.* 指定的
movilizar el entusiasmo 调动积极性
al máximo 最大化地
facilitar *tr.* 使变容易
intercambio *m.* 交换
punto de vista 观点
divergente *adj.* 背离的
clave *f.* 关键

文章思路

本篇文章主题为“小组学习的重要性”，适合采取议论文的形式进行写作。第一段开门见山，直接提出“小组学习是一种有益的实践”这一论点，并在第二段主体部分分别从“培养团队精神、调动积极性和促进思想”这三个方面来阐述该论点，最后段末总结“小组学习有益人生，是成功的关键”等，再次呼应“小组学习的重要性”这一主题。

触类旁通

在纷繁复杂的信息面前能保持独立思考、不“人云亦云”，是一种出众的能力。请以“Reflexionar independientemente”为题，用西班牙语写一篇短文。

注意：词数为90～110个。

高考范文4 La importancia de educación（2022年1月）

写作背景

教育是社会发展和个人成长的基石，对于人们塑造未来和提升生活质量至关重要。教育的重点不仅仅是传授知识，更是培养人的各项能力。请结合你的生活经历，以“La importancia de educación”为题，用西班牙语写一篇短文。

注意：词数90～110个。

范文与译文

La importancia de educación

La educación desempeña un papel fundamental en toda nuestra vida.

En primer lugar, nos brinda los conocimientos necesarios. A través de la educación, adquirimos una base sólida de conocimientos en diferentes áreas, lo que nos deja tomar decisiones razonables y tener una visión global. Además, la educación nos enseña habilidades prácticas que necesitamos para tener éxito en la vida, comunicarnos eficazmente, resolver problemas y trabajar en equipo. Por último, la educación nos ayuda a desarrollar una mentalidad crítica, lo que nos ayuda a formar nuestras propias opiniones y no dejarnos influir fácilmente.

Por ende, es importante que valoremos y aprovechemos al máximo las oportunidades educativas que se nos ofrecen.

译文

教育的重要性

教育在我们的一生中扮演着至关重要的角色。

首先，它为我们提供必要的知识。通过教育，我们在不同领域获得了扎实的知识基础，从而能够做出合理的决定并具有全球视野。此外，教育教会我们实用的技能，这些技能在取得成功、有效沟通、解决问题和团队合作方面至关重要。最后，教育帮助我们培养批判性思维，这有助于我们形成自己的观点，不容易受到影响。

因此，重视并充分利用社会提供给我们的教育机会至关重要。

重点词汇及短语

desempeñar *tr.* 扮演	práctico, ca *adj.* 实用的
papel *m.* 角色	equipo *m.* 小组
brindar *tr.* 提供	mentalidad *f.* 思想
conocimiento *m.* 知识	crítico, ca *adj.* 批判性的
habilidad *f.* 能力	cuestionar *tr.* 讨论
ingresar *intr.* 加入	analizar *tr.* 分析
eficiente *adj.* 有效率的	influir *intr.* 影响
humanidad *f.* 人文	por ende 因此
decisión *f.* 决定	valorar *tr.* 珍视
razonable *adj.* 合理的	aprovechar *tr.* 利用
visión *f.* 视野	educativo, va *adj.* 教育的
global *adj.* 全面的	ofrecer *tr.* 提供

写作主题

（议论文）教育的重要性，教育的意义。

文章详解

"教育"这个主题范围很广，它对诸多事物都产生了直接或间接的影响。学生在写作时可以多维度思考，比如：教育与经济、教育与社会稳定、教育与公平、教育与文化传承、教育与人才培养、教育与创新能力等。但需要提醒的是，在篇幅有限的前提下，我们最好只选择2~3个方面写作，避免为了追求面面俱到而导致文章缺乏逻辑和重点。这篇文章强调了教育在知识技术培养以及思维锻炼中发挥的关键作用。

段1：开篇点题，突出教育在生活中的基础作用。因为下文会提到教育的三个影响，所以第一段选择了简短的开头介绍背景，以节省字数。但也可以在第一段就把教育影响到的方面引出：

Desde el ámbito económico hasta el cultural, la educación juega un papel crucial en el desarrollo individual y colectivo.

从经济领域到文化领域，教育在个人发展和集体发展都中扮演了重要角色。

段2：首先，指出教育提供了知识和技能，使我们能够高效地投身职场。其次，强调教育在实际生活中的实用性。最后重点说明教育对批判性思维的培养。

如果一段中的观点较多，那么一定要使用明显的连接词让文章层次更好地凸显出来。en primer lugar, además, por último是三个常见的连接词。也可以使用ante todo, asimismo, para terminar，例如：

Ante todo, la educación es un motor clave para el crecimiento económico y la prosperidad de la nación...Asimismo, la educación fomenta la innovación y la creatividad...Para terminar, la educación nos equipa la capacidad de adaptación en un mundo en constante cambio...

首先，教育是经济发展和民族繁荣的原动力……此外，教育促进革新和创新力……最后，教育赋予我们在不断变化的世界中的适应能力。

段3：最后呼吁大家珍视教育机会。呼吁型的结尾在论述“重要性”的文章里同样十分常见，只要提出与上文论述的重要性相关的呼吁即可。因为段2中强调过教育给人提供知识和技能，因此呼吁大家珍惜教育机会。但同样也可以写得更全面一些，例如：

La educación, como un pilar fundamental para el desarrollo de toda la humanidad, debemos fortalecer la inversión, enfocarnos en los propósitos y cuidar los logros en la educación.

教育作为全人类发展的基础性的支柱，我们应该加强教育投资、关注教育目的、呵护教育成果。

词汇拓展

aprendizaje *m.* 学习
desarrollo *m.* 发展
creatividad *f.* 创造力
formativo, va *adj.* 培养成才的
crecimiento *m.* 成长
continuo, nua *adj.* 持续的
competencia *f.* 竞争
responsabilidad *f.* 责任
académico, ca *adj.* 学术的
pensamiento *m.* 思想

句子拓展

1. 教育创新

La innovación educativa impulsa un aprendizaje continuo, permitiendo a las personas adaptarse a un mundo laboral en constante cambio.

教育创新推动持续学习，让人们能够适应不断变化的职场环境。

2. 教育技术

La tecnología educativa facilita el acceso a recursos valiosos, promoviendo así un aprendizaje autónomo y enriquecedor.

教育技术为人们获取宝贵资源提供了便利，从而让学习方式更自主，学习内容更丰富。

3. 教育普及

La popularidad de la educación es fundamental para garantizar que todos tengan oportunidades equitativas de adquirir competencias y contribuir al desarrollo social.

教育的普及对确保每个人都有平等的机会获取技能，并为社会发展做出贡献至关重要。

模拟范文4 La importancia de aprender una lengua extranjera

写作背景

随着全球化的发展和国际交流的不断增长，掌握一门外语成为了一种必备的技能。外语是一种能力，更是一种资源，它为个人和社会发展带来无限可能。请结合你的生活经历，以“La importancia de aprender una lengua extranjera”为题，用西班牙语写一篇短文。

注意：词数90～110个。

范文与译文

La importancia de aprender una lengua extranjera

Hoy, con la globalización, aprender un idioma extranjero se ha convertido en una habilidad imprescindible. Ya sea en el trabajo o en la vida cotidiana, dominar un idioma extranjero tiene muchos beneficios.

Por un lado, nos brinda más oportunidades laborales. Si sabes una lengua extranjera, es lógico que seas mejor y más competitivo que otros candidatos. Por otro lado, en los últimos años las relaciones entre China y otros países del mundo se han vuelto cada vez más estrechas, lo que requiere cada vez más intelectuales en idiomas extranjeros. Además, el dominio de lenguas extranjeras puede ampliarnos el horizonte y permitirnos conversar con personas de diferentes culturas y experimentar nuevas formas de ver el mundo.

En suma, ¡no pierdas la oportunidad de aprender un nuevo idioma y explorar un nuevo mundo!

译文

学习一门外语的重要性

如今，随着全球化的发展，外语已经成为一项必备的技能。无论是在工作中还是在日常生活中，掌握一门外语都有很多的益处。

一方面，学习外语给我们提供更多的工作机会。如果你会一门外语，你必然会优于其他求职者，更有竞争力。另一方面，近年来中国和其他国家的关系日益密切，需要越来越多的外语人才。此外，学习外语能拓展我们的视野，让我们与不同文化的人进行交流，用新的方式看世界。

总之，别错过学习外语的机会，去探索新世界吧！

重点词汇及短语

globalización *f.* 全球化	estrecho, cha *adj.* 紧密的
imprescindible *adj.* 必需的	requerir *tr.* 需要
por un lado... por otro lado... 一方面，……另一方面，……	intelectual *m.f.* 人才
es lógico que 合乎逻辑的	comunicarse con alguien 和某人交流
candidato, ta *m.f.* 候选人	perder la oportunidad 错过机会
	explorar un nuevo mundo 探索新世界

文章思路

本篇文章谈论“学习外语的重要性”，以三段式结构展开，层次清晰。第一自然段开篇点题：在全球化背景下，掌握一门外语有很多益处。第二自然段从“学外语提供更多工作机会、国家需要外语人才和学外语拓展视野”等三方面进行论述，支撑文章主题。最后一段言简意赅，用呼吁式结尾点出主旨的同时也给人一种新意。

触类旁通

终身学习是指为了适应社会发展和个体发展而贯穿人一生的、持续的学习过程。请以“La necesidad de la educación permanente”为题，用西班牙语写一篇短文。

注意：词数为90～110个。

高考范文5 Así protejo el medio ambiente（2021年6月）

写作背景

环境保护已经成为全球关注的焦点，许多人已经开始采取行动，为后代保留资源、创造美好环境。你是如何参与环保的？请结合你的生活经历，以“Así protejo el medio ambiente”为题，用西班牙语写一篇短文。

注意：词数90～110个。

范文与译文

Así protejo el medio ambiente

Ayudar a proteger el medio ambiente es una responsabilidad que todos debemos asumir y es una prioridad a la que todos debemos prestar atención. Hay diferentes medidas que podemos tomar en nuestra vida diaria para contribuir a este objetivo.

En primer lugar, una forma mía efectiva es utilizar el transporte público, como metro o autobús a fin de reducir las emisiones contaminantes. Otra forma es ahorrar energía en casa. Por ejemplo, yo suelo apagar los electrodomésticos en vez de dejarlos en modo de espera.

Además, siempre elijo productos con menos envoltorio para ayudar a reducir el uso de plásticos, material perjudicial al medio ambiente.

Por último, debemos recordar la importancia de reciclar. En mi casa solemos clasificar las basuras en diferentes cajas y llevarlas a los puntos de recogida adecuados.

Cada pequeña acción cuenta. Estoy seguro de que con pequeños cambios en nuestro estilo de vida podemos marcar una gran diferencia para el medio ambiente.

译文

我是这样保护环境的

助力环保是我们都需要承担的责任，也是我们都需要关注的优先事项。我们可以在日常生活中采取不同的措施来实现这一目标。

首先，对我来说，一个有效的方法是使用公共交通工具，如地铁或公共汽车，以减少污染排放。另一种方法是在家中节省能源，例如，我通常会关闭电器而不是将它们置于待机模式。

此外，我选择包装较少的产品以减少使用塑料，因为它是一种对环境有害的材料。

最后，我们要记住回收的重要性。在我家，我们通常将垃圾分类，并扔到不同的盒子，然后带到相应的收集点。

每一个小举措都很重要。我相信，通过我们生活方式的微小改变，我们可以对环境产生重大影响。

重点词汇及短语

responsabilidad	*f.*	责任	ahorrar	*tr.*	节约
asumir	*tr.*	承担	energía	*f.*	能源
prioridad	*f.*	优先级	electrodoméstico	*m.*	家用电器
prestar	*tr.*	投入	modo	*m.*	模式
atención	*f.*	关注	envoltorio	*m.*	包装
medida	*f.*	措施	plástico, ca	*adj.*	塑料的
contribuir	*intr.*	对……作出贡献	material	*m.*	物质
objetivo	*m.*	目标	perjudicial	*adj.*	有害的
transporte	*m.*	运输工具	clasificar	*tr.*	分类
reducir	*tr.*	减少	basura	*f.*	垃圾
emisión	*f.*	排放	adecuado, da	*adj.*	合适的
contaminante	*adj.*	有污染的	marcar	*tr.*	标记

写作主题

（议论文）环保的意义、环保的措施和环保的重要性。

文章详解

环保是在阅读、写作中的常见话题，理解环保的意义、具有环保意识、提出环保措施是学生习作时的重点。这篇文章强调保护环境的责任，并且呼应主题 Así protejo el medio ambiente，提出了为实现这一目标“我自身”所采取的实际措施，而不是单纯喊口号式的呼吁。为了给出更多更实际的环保措施，本文保留了较长的篇幅，希望能为学生提供更多的思路。

段 1：强调了保护环境这一共同责任的重要性和迫切性，并表示在环保方面有多种措施可以采取。表达重要性的语句还有：

La protección del medio ambiente es crucial para garantizar un planeta saludable y sostenible para las generaciones presentes y futuras.

保护环境对于确保今世后代拥有一个健康和可持续发展的地球至关重要。

段2～4：介绍了作者在日常生活中为保护环境采取的具体措施，第一，使用公共交通工具减少排放、关闭电器设备以节省能源；第二，选择包装较少的产品以减少对环境有害的塑料使用；第三，注重回收，在家中分类垃圾并将其送到合适的收集点。也可以从措施主体的角度来进行总结，例如个人、社区、政府：

Individual: ahorrar energía y agua, reducir el uso de plásticos, participar en actividades ambientales.

Comunidad: organizar conferencias, eventos educativos y talleres, promover el uso de transporte colectivo.

Gobierno: establecer y hacer cumplir leyes y políticas ambientales, proporcionar infraestructura y servicios para la protección del medio ambiente.

个人：节约用电用水、减少塑料使用、参加环保活动；

社区：组织讲座、教育活动和研讨会，倡导使用公共交通；

政府：制定并执行环境法律与政策，提供环保所需要的基础设施和服务；

段5：强调了日常举措的积极影响，说明简单改变生活方式可以对环境产生巨大影响。更多的环保措施，见“句子拓展”部分。

词汇拓展

sostenible	*adj.*	可持续的	biodiversidad	*f.*	生物多样性
contaminación	*f.*	污染	energía solar	*f.*	太阳能
ecología	*f.*	生态	agua potable	*f.*	饮用水
natural	*adj.*	自然的	orgánico, ca	*adj.*	有机的
crecimiento	*m.*	成长	pensamiento	*m.*	思想

句子拓展

1. 可持续出行

La movilidad sostenible, como el uso de bicicletas o vehículos eléctricos, contribuye a reducir la contaminación del aire y a mejorar la calidad ambiental.

可持续出行，如使用自行车或电动车，有助于减少空气污染，改善环境质量。

2. 有机农业

La agricultura orgánica promueve prácticas respetuosas con el medio ambiente, evitando el uso de productos químicos dañinos.

有机农业倡导对环境友好的做法，避免使用有害化学物质。

3. 退耕还林

La reforestación desempeña un papel esencial en la lucha contra la deforestación, promoviendo la biodiversidad y la captura de carbono.

重新造林在制止砍伐森林、促进生物多样性和碳封存方面起着至关重要的作用。

4. 地球的重要性

La Tierra es nuestro único hogar en el universo, por lo que debemos cuidarla bien. Este planeta ha sido contaminado notablemente por las actividades industriales de la humanidad. Esto ha afectado mucho a la vida cotidiana y raerá graves consecuencias negativas.

地球是我们在宇宙中唯一的家园，我们必须好好爱护它。由于人类的工业活动，地球受到了严重的污染。这极大地影响了我们的日常生活，并将带来严重的负面影响。

5. 具体措施

Debemos reutilizar y reciclar papeles, cartones, vidrios y otros materiales reciclables. Debemos disminuir la emisión de dióxido de carbono y reducir el consumo de plástico.

我们要重复使用和回收纸张、纸板、玻璃和其他可回收材料。降低二氧化碳的排放和减少塑料的使用。

模拟范文5 Así ahorro agua en mi vida cotidiana

写作背景

随着人口增长和工业发展，水资源紧缺日趋严峻，如何节约水资源成为了当下人们急需思考的问题。请结合你的生活经历，以“Así ahorro agua en mi vida cotidiana”为题，用西班牙语写一篇短文。

注意：词数90～110个。

范文与译文

Así ahorro agua en mi vida cotidiana

El agua es la fuente de la vida. Sin agua, nadie podría sobrevivir. Sin embargo, la escasez de agua se ha convertido en un grave problema en la sociedad actual. Por lo tanto, el ahorro de agua es muy necesario.

En mi vida diaria, siempre tomo algunas medidas simples pero efectivas para ahorrar agua. En primer lugar, cierro el grifo cuando no es necesario, como cuando me cepillo los dientes o me lavo las manos. En segundo lugar, reciclo el agua utilizada para regar las flores y descargar el inodoro. Además, evito desperdiciar demasiada agua duchándome en lugar de bañarme.

De todos modos, el agua tiene un valor incalculable y espero que todos se den cuenta de la importancia de ahorrar agua y lo pongan en acción.

译文

在日常生活中我是这样节约用水的

水是生命之源，没有人可以不喝水而活着。但是，水资源缺乏已经变成了当今社会一个严峻的问题。因此，节约用水非常必要。

在日常生活中，我总是采取一些简单但行之有效的方法来节约用水。首先，在不必要用水的情况下我会关水龙头，比如当我刷牙或者洗手的时候。其次，我会把用过的水拿来浇花和冲马桶。此外，我用淋浴来代替泡澡，这样一来就能避免过度用水。

总之，水是宝贵的，我希望所有人都能意识到节约用水的重要性并且付诸实践。

重点词汇及短语

El agua es la fuente de la vida.
水是生命之源
sobrevivir *intr.* 活着，生存
escasez *f.* 缺乏
tomar medidas 采取措施
efectivo, va *adj.* 有效的
reciclar el agua utilizada
回收用过的水
inodoro *m.* 马桶
descargar el inodoro 冲马桶
exceso *m.* 过多
en vez de 代替，而不是
ser consciente de 有意识
poner en acción 付诸实践

文章思路

文章开篇点题，指出水的重要性——水是“生命之源”，但又因水资源匮乏，继而引出节约用水的必要性。第二段承接上文，列出在日常生活中一些节约用水的具体措施，如：及时关水龙头、重复利用水和避免过度用水等。最后一段再次重申水的重要性，以此来点明文章主旨。该篇文章围绕“节约用水”展开，主题贴合实际，旨在树立环保意识，具有一定的现实意义。

触类旁通

低碳生活旨在减少二氧化碳（dióxido de carbono）的排放，是一种低能量、低消耗、低开支的生活方式。请以“Así llevo una vida baja en carbono”为题，用西班牙语写一篇短文。

注意：词数90～110个。

高考范文6 ¿Qué tipo de libros prefieres: los en papel o los digitales?（2020年6月）

写作背景

随着电子书的兴起，越来越多的人开始接受这种新型阅读方式。人们不禁发出思考：电子书与纸质书，哪一种阅读方式更好？请结合你的生活经历，以"¿Qué tipo de libros prefieres: los en papel o los digitales?"为话题，自拟题目，用西班牙语写一篇短文。

注意：词数90～110个。

范文与译文

Prefiero los libros digitales

Con la popularidad de los productos electrónicos, los libros digitales se cuentan entre las cosas cada vez más comunes en la vida cotidiana, porque no estamos en condiciones de dedicar gran cantidad de tiempo a leer.

Primero, los libros digitales, cuya ventaja consiste en la conveniencia, son fáciles de llevar encima, gracias a lo cual, podemos disfrutar de la afición de leer en cualquier lugar cuando queramos. Además, podemos anotar algo importante o interesante en ellos y modificarlo cuando lo deseemos. Por último, nos ayudan a fomentar un buen hábito de lectura, porque podemos conseguir cualquier tipo de libro en línea según las aficiones individuales.

En suma, gracias a los libros digitales, que nos ofrecen una buena manera de leer, podemos todos gozar del placer de la lectura.

译文

我更喜欢电子书

随着电子产品的普及，电子书成为日常生活中最常见的事物之一，因为我们无法花费大量时间来阅读。

首先，电子书的优势在于方便，易于携带，我们可以随时随地用它享受阅读。此外，我们可以在其中写下重要或有趣的内容，并添加信息和修改它们。最后，它有助于养成良好的阅读习惯，因为人们可以根据个人爱好获得各种类型的读物。

简而言之，电子书为我们提供了一种很好的阅读方式，让我们都可以享受阅读的乐趣。

重点词汇及短语

conveniencia	*f.*	便捷性	variado, da	*adj.*	多样的
novedad	*f.*	新事物	conveniente	*adj.*	方便的
popularidad	*f.*	普遍性，普及	individual	*adj.*	个人的
colección	*f.*	收藏	ampliamente	*adv.*	广泛地
hábito	*m.*	习惯	modificar	*tr.*	修改
valor	*m.*	价值	anotar	*tr.*	记笔记
instrumento	*m.*	工具	añadir	*tr.*	增添
digital	*m.*	数字的，数码的	gastar	*tr.*	花费
favorable	*adj.*	有益处的	en tiempo real		实时的
concentrado, da	*adj.*	集中的	llevarse encima		随身携带

写作主题

（议论文）电子书的优势，纸质书的优势，新事物的特点。

文章详解

该题是“二选一”类的议论文，学生在两种观点中任选其一并做出合理的解释即可。本文选择了“电子书”，因为这可能更符合大部分学生的倾向。

段1：指出由于人们难以在繁忙生活中分配大量时间用于阅读，电子书变得越来越常见。这是常用的背景开篇，但运用时一定要注意背景与主题的紧密联系，切忌一味地写“随着科技的进步”等套话。也可以参考“高考范文1”的方式，首段就直接引出观点+优势，例如：

Hay cada día más gente acostumbrada a leer libros digitales, cuya ventaja consiste en la conveniencia y sostenibilidad, y yo no soy una excepción.

越来越多的人习惯阅读电子书，因为它有便携和环保的优势，而我也不例外。

段2：介绍电子书的优势。首先，强调了便携性，即电子书易于携带，可以在任何地方阅读。其次，提到了互动性，即读者可以在书中进行注释、添加信息和修改。最后，强调电子书有助于培养良好的阅读习惯，因为可以根据个人兴趣选择阅读材料。如果学生想写偏爱纸质书，也可以从以下角度来描写：纸张的触感（el tacto de los papeles）、书籍的收藏价值（el valor de colección）、书籍的装饰作用（la función de decoración）、纯粹的形式让人感到更平静（la forma pura nos hace más tranquilos）。

段3：总结文章观点，强调由于电子书的出现，人们能够以一种有效和便利的方式享受阅读，每个人都能体验到阅读的乐趣。为了让论证更有说服力，建议学生不要说两者都好，也不要一味地说另一方不好来“反衬”这一方的好，在总结时尤其需要注意这一点，这一类作文的最好结尾方式是重申观点。如果选择的是纸质书可以选用这样的结尾：

En suma, gracias a los libros en papel, que nos conservan perfectamente la forma tradicional de leer, podemos todos gozar del placer de lectura.

总之，感谢有纸质书，为我们完美地保留了传统的阅读方式，让我们能够享受阅读的乐趣。

词汇拓展

innovación *f.* 革新
pantalla táctil *f.* 触摸屏
descargar *tr.* 下载
integración *f.* 融合
literario, ria *adj.* 文学的
revolucionar *tr.* 革新，彻底改变
personalización *f.* 个性化
flexibilidad *f.* 灵活性
navegar por Internet 网上冲浪
guardar *tr.* 储存
actualizar *tr.* 更新
coleccionar *f.* 收藏
interacción *f.* 互动

句子拓展

1. 科技改变生活

La tecnología ha revolucionado nuestra forma de acceder a la información, y los libros digitales son un ejemplo claro de este cambio, proporcionando una nueva dimensión a la lectura.

科技已经彻底改变了我们获取信息的方式，电子书是这一改变的明显例证，它为阅读提供了一个全新的维度。

2. 电子书的互动性

La interacción de los libros digitales permite a los lectores no solo consumir el contenido, sino también participar activamente mediante anotaciones y comentarios, ofreciendo una experiencia de lectura más enriquecedora.

电子书的互动性让读者不仅仅能消费内容，还能通过注释和评论积极参与，

为读者提供更加丰富的阅读体验。

3. 电子书的个性化

Los libros digitales facilitan la navegación y la personalización, ofreciendo a los lectores un control más activo sobre su experiencia de lectura. Es decir, los lectores pueden obtener fácilmente lo que quieren verdaderamente.

电子书为导航和个性化提供了便利，让读者能更主动地掌控自己的阅读体验。也就是说，读者可以轻松获得他们真正想要的内容。

4. 纸质书的收藏价值

Los libros en papel, cuya máxima ventaja consiste en el valor de colección, son un instrumento importante de obtener conocimientos.

纸质书最大优势在于收藏价值，它是获取知识的重要工具。

5. 纸质书的优势

Prefiero los libros en papel, porque, primero, los libros en papel son favorables a la vista, gracias a lo cual, no es necesario preocuparnos demasiado por los ojos. Además, el olor del libro y el sentimiento de tacto son buenos, que nos dan una experiencia fantástica y exclusiva.

我更喜欢纸质书。首先，纸质书对视力有好处，阅读时我们不需要过多担忧眼睛。其次，书香和触感给我们带来奇妙且独特的体验。

模拟范文6 ¿Prefieres las clases presenciales o clases a distancia?

写作背景

远程教育通过互联网为学生提供了更为灵活的学习方式。而传统教育的根本地位也没有因此而动摇。请结合你的生活经历，以“¿Prefieres las clases presenciales o clases a distancia?”话题，自拟题目，用西班牙语写一篇短文。

注意：词数90～110个。

范文与译文

Prefiero las clases presenciales

En la actualidad, las clases a distancia son cada vez más populares. Sus ventajas son la flexibilidad y la comodidad. Sin embargo, prefiero las presenciales.

A mi juicio, los cursos presenciales siguen teniendo un papel importante en la enseñanza tradicional. En primer lugar, los presenciales nos ofrecen más oportunidades para interactuar y comunicarnos cara a cara con profesores y compañeros de clase. En segundo lugar, en un aula de clase presencial, se requiere más disciplina y atención. De esta forma, se evita la interferencia del mundo exterior y rendiremos mejor en nuestros estudios. Además, los cursos presenciales proporcionan un entorno único para que las actividades prácticas, como los experimentos, sean más eficientes, lo que no es posible en los cursos remotos.

En resumen, prefiero tomar clases presenciales porque rinden más para nuestro estudio.

译文

我更喜欢线下课

现在，网课越来越流行，它的优点是灵活和方便。但是，我还是更喜欢线下课。

在我看来，线下课在传统教学中仍扮演着重要的角色。首先，线下课给我们提供了更多和老师、同学面对面交流互动的机会。其次，在线下课堂上，纪律要求更严格，也需要更加专注。这样一来，我们可以避免受到外部干扰，提高学习效率。此外，线下课提供了一个专门的环境，让像做实验这样的实践活动能够更高效地进行，而线上课是无法做到的。

总之，我更喜欢线下课，因为它使我们的学习更有效。

重点词汇及短语

a distancia 远距离的	interactuar *tr.* 互动
flexibilidad *f.* 灵活	cara a cara 面对面
comodidad *f.* 舒适	interferencia del mundo exterior 外部干扰
seguir teniendo un papel importante 仍扮演着重要的角色	rendir *tr.* 产生成果
enseñanza tradicional 传统教学	experimento *m.* 实验

文章思路

本文章第一段开篇点题，观点明确，表达自己更喜欢“线下课”。第二段主要从“互动、效率、实践活动环境等三方面对线下课的重要性进行论证。文末首尾呼应，再次表达对线下课的喜爱。应当注意，该篇文章是选择性话题作文，要求作者表明自己的观点，应当尽量避免两种观点都写，根据自己的情况二选一即可。

触类旁通

人们常说“天赋是一个人奋斗的起点”，但也有俗话说“只要功夫深，铁杵磨成针”。你是怎么看待天赋与努力之间的关系？请就该话题自拟题目，用西班牙语写一篇短文。

注意：词数90～110个。

高考范文7 El lugar adonde me gustaría viajar（2019年6月）

写作背景

每个人心中都有一个梦想之地，它是一个我们渴望探索和发现的目的地。通过旅行，我们可以获得不一样的体验。请结合你的生活经历，以“El lugar adonde me gustaría viajar”为题，用西班牙语写一篇短文。

注意：词数90～110个。

范文与译文

El lugar adonde me gustaría viajar

El lugar adonde me gustaría viajar es Barcelona, una ciudad llena de monumentos mundialmente famosos, tales como la Sagrada Familia, Parque Güell, etc. Es una de las ciudades más turísticas del mundo, y es conocida por las obras magníficas del gran arquitecto Antonio Gaudí y, además, por lo bello de su costa y playa mediterránea, así que tendré oportunidades de disfrutar de los paisajes pintorescos de la naturaleza además del panorama moderno de la metrópoli.

Otra razón por la que me gustaría visitarla es que, tras haber estudiado español durante más de dos años, siempre he tenido ganas de ir a viajar por el mundo hispánico para conocerlo de cerca, sobre todo los lugares que son Patrimonio de la Humanidad, y Barcelona es uno de sus mayores exponentes.

Ahora, lo que más espero es que me toque la oportunidad de poder viajar a Barcelona cuando me gradúe.

译文

我想旅行的地方

我想去的地方是巴塞罗那，那里有许多世界著名的古迹，如圣家堂、奎尔公园等。它是世界上最受欢迎的旅游城市之一，以伟大建筑师安东尼奥·高迪的宏伟作品以及美丽的地中海海岸线和海滩而闻名，因此我将有机会欣赏到如诗如画的自然景观，进而欣赏大都市的现代全景。

我想参观它的另一个原因是，在学习西班牙语两年多之后，我一直想环游西班牙语世界，近距离了解它，尤其是它的人类文化遗产，而巴塞罗那就是最具有代表性的城市之一。

现在，我非常希望毕业后能有机会去巴塞罗那旅行。

重点词汇及短语

monumento *m.* 纪念意义建筑	naturaleza *f.* 自然
mundialmente *adv.* 世界地	panorama *m.* 全景图
famoso, sa *adj.* 出名的	moderno, na *adj.* 现代的
turístico, ca *adj.* 旅游的	metrópoli *f.* 大都市
magnífico, ca *adj.* 宏伟的	contarse entre 是……其中之一
arquitecto *m.* 建筑家	hispánico, ca *adj.* 西班牙语(国家)的
mediterráneo, a *adj.* 地中海的	de cerca 近距离
costa *f.* 海岸	patrimonio *m.* 遗产
paisaje *m.* 风景	humanidad *f.* 人类
pintoresco, ca *adj.* 美丽如画的	exponente *m.* 例子，典型

写作主题

（记叙文）描写一座城市的特点，旅行计划等。

文章详解

这篇文章详细描述了巴塞罗那这座城市的主要特点——与众不同的建筑与优美的自然风光，并且结合了学生学习西班牙语的经历，更合理地解释了想去这个地方的原因。在审题时需要注意，该主题不能只描述城市，而应该用一定的篇幅写出“我”想去的原因，因为me gustaría指的是尚未去而想去的地方，写出这个动机会让文章的逻辑更完美。

段1：描述了“我”对巴塞罗那的向往，强调其世界著名的纪念性建筑，如圣家族大教堂和奎尔公园等，突出了巴塞罗那作为世界上最受欢迎的旅游城市之一的地位。在时态的选择中，可以使用条件式来表达假设的语气。在学习西班牙语的过程中，一定接触了不少西班牙语国家和城市，可以从中积累单词和表达，运用到作文中。也可以描述一个国内的城市：

Wuhan es una ciudad histórica y culturalmente rica, conocida por sus monumentos antiguos, parques nacionales y tradiciones arraigadas. Lo que más me atrae es el ambiente sereno del Lago Este, que contrasta con el bullicio de las grandes ciudades.

武汉是一个历史悠久、文化丰富的城市，以它的名胜古迹、国家公园和根深蒂固的传统文化而闻名。这里最吸引我的是东湖的宁静氛围，它与大城市的喧嚣形成了鲜明对比。

段2：提到了另一个想要访问巴塞罗那的原因，即学习了两年多的西班牙语后，渴望亲身去体验西班牙语国家的风情，尤其是了解其世界文化遗产。这一部分表达了对西班牙语和西班牙文化的浓厚兴趣。该部分可以运用到其他话题的作文中，例如学习西班牙语的原因、学习西班牙语的成果等。

段3：总结并表达了对未来的期望，希望在毕业后有机会实现前往巴塞罗那的梦想。也可以对上文进行总结：

Para mí, sería una experiencia inolvidable poder visitar esta encantadora ciudad y sumergirme en su rica cultura y patrimonio. Ahora, tengo muchísimas ganas de hacer el sueño realidad.

对我来说，能够参观这个迷人的城市并沉浸在它丰富的文化和遗产中，将会是一场难忘的经历。现在，我十分希望能够实现这个梦想。

词汇拓展

atracciones turísticas 旅游景点
riqueza *f.* 财富
modernidad *f.* 现代
nocturno, na *adj.* 夜间的
animado, da *adj.* 有活力的
auténtico, ca *adj.* 正宗的
espléndido, ca *adj.* 璀璨的
histórico, ca *adj.* 历史的
tradición *f.* 传统
costumbre *f.* 习俗

句子拓展

1. 城市的文化历史

La riqueza cultural de la ciudad se refleja en sus tradiciones. A través de los eventos animados y los monumentos históricos se cuentan las historias centenarias.

该城市丰富多样的文化在其传统中得以体现。热闹的活动和历史古迹讲述着城市数百年的故事。

2. 老城区景点

Los mercados locales ofrecen una experiencia auténtica, donde se puede explorar la gastronomía, los productos locales y gozar de la vida cotidiana de la ciudad.

当地的市场（为游客）提供了一种原汁原味的体验，在那里可以探索美食、本地产品，并享受城市的日常生活。

3. 表演活动

La actuación callejera y la vida nocturna vital añaden un encanto a la ciudad, creando un ambiente espléndido, que hace descubrir la modernidad y la tradición en cada rincón.

街头表演和充满活力的夜生活为城市增添了一份魅力，创造了一种辉煌的氛围，让人们在每个角落都能发现现代与传统的迹象。

模拟范文7 El mejor lugar que he visitado

写作背景

每个人都有一些难忘的旅行经历，它们充满惊喜、魅力、回忆和感动。什么地方让你心驰神往？请结合你的生活经历，以“El mejor lugar que he visitado”为题，用西班牙语写一篇短文。

注意：词数90～110个。

范文与译文

El mejor lugar que he visitado

Sin duda, el mejor lugar donde he estado es Qingdao, una ciudad moderna que ha tenido el mayor impacto en mí hasta el momento.

Qingdao se encuentra en la costa este de China, por lo que tiene hermosos mares y playas de arena. Una vez allí te detendrás y contemplarás involuntariamente toda su belleza. En 2017 fui de vacaciones a la ciudad con mis familiares, y fue allí donde vi el mar por primera vez, era azul y parecía que no tenía fin. Además, visitamos iglesias de diseño alemán y museos famosos. Finalmente, probamos comida típica como la barcacoa de mariscos y las almejas fritas. El Festival Internacional de la Cerveza también se lleva a cabo aquí cada año, atrayendo a miles de turistas nacionales y extranjeros.

En suma, Qingdao vale la pena una visita, ya que nunca te decepcionará.

译文

我游览过的最好的地方

毫无疑问，我游览过的最好的地方是青岛，一座让我直到此刻都印象深刻的现代化城市。

青岛坐落在中国的东部沿海地区，因此它有着美丽的大海和沙滩。一旦到了这里，你会不由自主地停下来欣赏它所有的美。2017年，我和我的家人去了这座城市度假，也就是在这儿我第一次见到了大海，它那么蓝，看起来无边无际。此外，我们还参观了德式教堂和著名的博物馆。最后，我们品尝了当地美食，比如海鲜烧烤、炒蛤蜊。每年这里也会举办国际啤酒节，吸引成千上万的中外游客。

总之，青岛值得一去，因为它永远不会让你失望。

重点词汇及短语

el mejor lugar donde he estado es... 我游览过的最好的地方是……

tener el mayor impacto 产生了巨大影响

encontrarse en la costa este de China 坐落在中国东海岸

playa de arena 海滩

involuntariamente *adv.* 不由自主地

barcacoa de mariscos 海鲜烧烤

almeja *f.* 蛤蜊

el Festival Internacional de la Cerveza 国际啤酒节

lleva a cabo 完成

atraer *tr.* 吸引

miles de 成千上万的

turistas nacionales y extranjeros 国内外游客

valer la pena 值得

decepcionar *tr.* 使失望

文章思路

文章开门见山，表达自己游览过的最好的地方是青岛。紧接着第二段交代游览青岛的缘由，并从青岛的地理位置、代表建筑以及特色美食、活动等方面进行了描述。文章末尾总结，再次点明主旨，表达了作者对青岛的喜爱之情。该篇文章主题为“我游览过的最好的地方”，是一篇记叙文，写作时除了围绕自身经历进行展开外，还应注意时态的应用和转换。

触类旁通

西班牙语世界丰富多彩，你对哪个国家最感兴趣或最了解？请以任意一个西班牙语国家为主题，自拟题目，用西班牙语写一篇短文。

注意：词数90～110个。

高考范文8 La influencia de la Internet sobre la vida（2018年6月）

写作背景

互联网的普及和发展深刻影响着我们的生活方式。我们在获得便利的同时，也许也面临着诸多挑战。请结合你的生活经历，以“La influencia de la Internet sobre la vida”为题，用西班牙语写一篇短文。

注意：词数90～110个。

范文与译文

La influencia de la Internet sobre la vida

En la actualidad, la influencia de la Internet se puede ver en diferentes áreas, como la comunicación, la educación, el trabajo y el entretenimiento, entre muchos otros.

Uno de los aspectos más positivos del uso de la Internet es la facilidad de comunicación que ofrece. Con herramientas como redes sociales, se puede contactar con amigos y familiares en cualquier momento y desde cualquier lugar.

En cuanto a la educación, la Internet nos ayuda a acceder a una gran cantidad de información y recursos educativos en línea, lo que nos permite aprender de una manera más autónoma y a nuestro propio ritmo.

Sin embargo, es importante tener en cuenta que la influencia puede ser negativa. La adicción a las redes sociales, los videojuegos y otros productos de la red puede afectar negativamente la vida social y emocional de las personas.

En resumen, está claro que la Internet ha tenido una gran influencia en diferentes aspectos de la vida cotidiana. Es importante utilizarla de manera responsable y consciente, aprovechando sus beneficios sin caer en sus riesgos potenciales.

译文

网络对生活的影响

目前，互联网的影响力体现在通讯、教育、工作、娱乐等各个领域。

使用互联网最积极的方面之一是它提供的便捷沟通。借助社交网络等工具，人们可以随时随地与朋友和家人保持联系。

在教育方面，互联网帮助我们在线获取大量信息和教育资源，让我们能够更加自主、按照自己的节奏学习。

然而，值得注意的是，互联网带来的影响也可能是负面的。对社交媒体、视频游戏和其他在线产品的上瘾会对人们的社交和情感生活产生负面影响。

综上所述，互联网显然对我们日常生活的各个方面产生了巨大影响。重要的是要负责任地、头脑清醒地使用它，既要利用它的好处，又不能陷入潜在的风险中。

重点词汇及短语

comunicación *f.* 交际
entretenimiento *m.* 娱乐
aspecto *m.* 方面
positivo, va *adj.* 积极的
facilidad *f.* 便捷性
herramienta *f.* 工具
redes sociales *f.pl.* 社交网络
contacto *m.* 联系
en cuanto a 关于
acceder *intr.* 接触到
cantidad *f.* 数量
recurso *m.* 资源
autónomo, ma *adj.* 自主的
ritmo *m.* 节奏
tener en cuenta 考虑到
negativo, va *adj.* 负面的
videojuego *m.* 电子游戏
emocional *adj.* 情感的
cotidiano, na *adj.* 日常的
responsable *adj.* 负责任的
consciente *adj.* 头脑清醒的
beneficio *m.* 益处
riesgo *m.* 风险
potencial *adj.* 潜在的

写作主题

（议论文）网络的影响，新事物的影响。

文章详解

这篇文章探讨了互联网在多个领域的影响，包括通讯（comunicación）、信息技术（informática）、工作（trabajo）、教育（educación）、娱乐（entretenimiento）、贸易（negocio）等。学生可写的内容很多，但一定要注意取舍，尽量写自己熟悉的领域。本文保留了较长的篇幅，希望能为学生提供更多的思路。另外，在当年的高考作文要求中使用的是阴性形式la Internet，但在其他文本中，也可以使用el Internet，本文保持跟高考标题一致。

段1：介绍互联网在人们生活中的地位。指出互联网在通讯、教育、工作和

娱乐等方面都产生了深远的影响，已成为当今社会不可或缺的一部分。也可以以背景开篇：

La Internet ha tenido un impacto profundo e innegable en casi todos los aspectos de nuestras vidas y, sigue creciendo a medida que la tecnología continúa evolucionando.

网络对我们生活的方方面面的影响是深入且不可否认的，并且随着技术的不断发展，这种影响还在持续深入。

段2～3：强调互联网的积极面，特别是在通讯领域和教育领域的作用。积极影响还可以体现在娱乐领域：

Plataformas de música, películas y series de televisión han cambiado la forma en que consumimos contenido multimedia.

音乐、电影和电视剧的流媒体平台改变了我们消费多媒体的方式。

段4：提到互联网的负面影响。警示社交媒体、视频游戏和其他网络产品的沉迷可能对人们的社交生活和情感健康产生不良影响。负面影响一般体现在沉迷网络（adicción）、信息泄漏（problemas de privacidad）、信息过载（sobrecarga de información）、思维惰性（pereza mental）、虚拟与现实的混淆（confusión entre la vida real y la virtual）等方面

段5：在明确互联网全面影响的基础上，突出了其积极和负面的两面。强调了应负责和谨慎地使用互联网，以最大限度地利用其好处，同时规避潜在的风险。尽量针对优势和劣势提出相应的较为全面的措施，以达到总结全文的目的。

词汇拓展

realidad virtual	*f.*	虚拟现实	inteligencia artificial	*f.*	人工智能
era digital	*f.*	数字时代	seguridad en línea	*f.*	网络安全
aprendizaje en línea	*m.*	线上学习	dato	*m.*	数据
trabajo remoto	*m.*	远程工作	privacidad	*f.*	隐私
aplicación	*f.*	应用/手机APP	computación en la nube	*f.*	云计算

句子拓展

1. 数字创新

La innovación digital impulsa constantemente nuevas formas de mejorar la eficiencia y la experiencia del usuario en diversos sectores, desde la educación hasta la industria.

从教育到工业等各个领域，数字创新都在不断推动着改善效率和用户体验的新方法。

2. 虚拟对话

En la era digital, la comunicación virtual se ha convertido en un pilar fundamental, facilitando la interacción entre personas y empresas de manera inmediata y global.

在数字时代，虚拟沟通已经成为一个基本支柱，实现了人与人、企业与企业之间的即时和全球性互动。

3. 线上教育

El aprendizaje en línea ha popularizado el acceso a la educación, ofreciendo oportunidades de aprendizaje flexibles y personalizadas a través de diversas plataformas digitales.

在线学习使得教育更加普及化，并通过各种数字平台为人们提供了灵活且个性化的学习机会。

模拟范文8 La influencia del móvil en nuestra vida

写作背景

在数字时代，手机不仅是一种通讯工具，更是我们获取信息、消遣娱乐、社交互动的重要途径。请结合你的生活经历，以“La influencia del móvil en nuestra vida”为题，用西班牙语写一篇短文。

注意：词数90～110个。

范文与译文

La influencia del móvil en nuestra vida

Si miras dos décadas atrás, te darás cuenta de que ha habido muchos cambios, y gran parte de ellos se deben a que los móviles tienen una importancia cada día más grande en nuestras vidas.

Los teléfonos móviles nos permiten conectarnos con el mundo y nos facilitan la comunicación y el trabajo. No obstante, no es difícil ver que el uso excesivo tiene numerosas consecuencias negativas: los niños e incluso los adultos se vuelven tan adictos al móvil que les resulta difícil concentrarse en otras cosas importantes. Además, la dependencia de los teléfonos móviles genera estrés y ansiedad.

El móvil nos brinda una vida más conveniente, pero, al mismo tiempo, tenemos que tomar en cuenta sus riesgos potenciales y usarlo de manera adecuada.

译文

手机在我们生活中的影响

如果回看过去20年，你会发现过去和现在的很多东西都改变了，这很大程度上是因为手机对我们的影响越来越大。

手机让我们同世界产生联系，使交流和工作都更加便利。但是，不难看出，过度使用手机带来了很多消极的影响：小孩甚至是大人都沉迷手机，以致于他们很难在其他重要的事情上集中注意力。此外，依赖手机也会让人产生压力和焦虑。

手机给我们的生活提供了很多便利，同时，我们也要考虑到它潜在的风险，并且合理使用它。

重点词汇及短语

importancia *f.* 重要性	dependencia *f.* 依赖
conectarse con 联系	generar estrés y ansiedad 产生压力和焦虑
no es difícil ver que 不难看出	brindar *tr.* 提供
consecuencias negativas 负面影响	tener en cuenta 考虑
excesivo, va *adj.* 过分的	riesgo potencial 潜在风险
uso excesivo 过度使用	
volverse adicto, ta a 变得依赖	

文章思路

本篇文章围绕“手机”展开，开篇指出手机对我们影响越来越大。接着第二段从正反两面具体说明手机是一把双刃剑，不仅对我们生活产生积极的影响，而且也会有如因沉迷手机而产生压力、焦虑等消极的影响。最后一段作者点明主题，表达应合理使用手机的态度。应当注意，手机、网络等话题是近年来考试的高频话题，撰写该类作文时，应当辩证地来看，指出利弊，表达全面。

触类旁通

短视频在我们的生活中十分常见，无论是休闲娱乐还是获取信息，它都是一个很重要的渠道。然而，短视频的泛滥同时也衍生出了一些问题。对此，你怎么看？请以“La influencia de los vídeos cortos”为题，用西班牙语写一篇短文。

注意：词数 90～110个。

Parte 3

作文分类讲解

一 记叙文

文体及写作方法介绍

记叙文是常见的一种写作文体，主要通过叙述事件、构建情节和塑造人物形象来表达主题和情感。记叙文的写作步骤如下：

首先，明确写作基本要素：时间、地点、人物以及事件的开端、发展、高潮和结局。

其次，确定主题和情感，安排故事情节和塑造人物形象：狭义的记叙文主要是指写人、叙事、写景、状物、回忆经历等。在开始写作之前，要确定要表达的主题和情感，这能帮助我们在构思和行文中保持一致性，使文章更加有凝聚力和说服力。对事件的叙述要符合发展的逻辑，尽量做到简洁、清晰。塑造人物形象时，要通过语言、行动和心理描写设计出真实、生动的形象。在人称的运用上，多用第一人称或第三人称，以拉近作者与读者的距离。

最后，注意语言风格：记叙文的表达需要高级并准确的词语和句型，还需要句型句式的多样化。

总之，西班牙语记叙文的文体和写作方法需要我们在情节安排、人物塑造和语言风格等方面下功夫。只有通过巧妙地构思，才能写出高质量的记叙文作品。

范文1 La persona más importante en mi vida

写作背景

在你的成长过程中，一定有某个人对你的影响深远而持久，他/她或许给了你无条件的爱和支持，让你在黑暗中找到前进的方向，也或许见证过你的成功。请结合你的生活经历，以“La persona más importante en mi vida”为题，用西班牙语写一篇短文。

注意：词数90～110个。

范文与译文

La persona más importante en mi vida

En la vida de todos, habrá algunas personas especiales que nos influenciarán y cambiarán nuestra forma de pensar y trayectoria de vida. Sin embargo, hay una persona en mi vida que es más importante que todas las demás, y ella es mi madre.

Mi mamá, ni gorda ni delgada, tiene los ojos grandes y brillantes. Siempre está ahí para mí, en los momentos buenos y en los malos. Ha sido mi guía y apoyo incondicional desde el primer día que abrí los ojos al mundo.

Ella, como si fuera mi ángel de la guarda, sabe cómo consolarme cuando estoy triste y cómo compartir la alegría conmigo cuando estoy feliz. Es evidente que su fuerza y determinación me han motivado a superar obstáculos y a perseguir mis sueños. Mi mamá es la persona más importante en mi vida.

译文

我生命中最重要的人

在每个人的一生中，都会有一些特殊的人影响着我们，改变着我们的思维方式和生活轨迹。然而，在我的生命中，有一个人比其他所有人都更加重要，她就是我的母亲。

我的妈妈不胖也不瘦，她有一双大眼睛，总是闪烁着光辉。无论在顺境还是逆境，她总是在我身边，从我睁开眼睛看世界的第一刻起，她就是我的向导和无条件的支持者。

她就像我的守护天使一样，知道如何在我悲伤时安慰我，在我快乐时与我一同分享快乐。显而易见，她的力量和决心激励我克服障碍并追求我的梦想。我的妈妈就是我生命中最重要的人。

重点词汇及短语

brillante	*adj.*	发光的，闪烁的	incondicional	*adj.*	无条件的
consolar	*tr.*	安慰，抚慰	inspiración	*f.*	鼓舞；灵感
determinación	*f.*	决	motivar	*tr.*	促成
obstáculo	*m.*	障碍，困难	perseguir	*tr.*	追求
seguridad	*f.*	把握，信心			

写作主题

本文主题为描述我生命中最重要的人，这个人可以是身边的朋友或者家人，甚至伴侣。关键在于“最重要”，既要突出“最”这个显著的位置，又要体现出这个人对“我”的“重要性”。可以从以下三个方面思考：

第一，开头引出主题，用一句话指出“我”生命中最重要的人是谁。

第二，对人物特征进行描述，举一两个事实讲述“我”和生命中最重要的人之间发生的典型事例。

第三，结尾点题，表达“我”对生命中最重要的人不可割舍的情感。

文章详解

段1：引出主题。

En la vida de todos, habrá algunas personas especiales que nos influenciarán y cambiarán nuestra forma de pensar y trayectoria de vida.

第二句转折连词引出“我”生命中最重要的人是“我”的妈妈。

Sin embargo, hay una persona en mi vida que es más importante que todas las demás, y ella es mi madre.

段2：描述“我”的妈妈的外貌特征。

Mi mamá, no gorda ni delgada, tiene los ojos grandes y brillantes.

把“我”和妈妈相处的事实概括说明。

…sabe cómo consolarme cuando estoy triste y cómo celebrar conmigo cuando estoy feliz. Mi madre también es mi mayor inspiración, …

段3：表达情感及点题。

Es evidente que su fuerza y determinación me han motivaclo a superar obstáculos y a perseguir mis sueños.

词汇拓展

1. 描述人物性格

afectuoso, sa *adj.* 深情的，慈爱的	arrogante *adj.* 傲慢的
travieso, sa *adj.* 淘气的，顽皮的	moderado, sa *adj.* 温和的
benevolente *adj.* 仁慈的	rígido, da *adj.* 严厉的，刻板的
estado *m.* 状态	

2. 表达情感

admirar *tr.* 钦佩，羡慕	sacrificar *tr.* 奉献
albergar *tr.* 接纳，包容	obstáculo *m.* 障碍，困难
modelo *m.* 模板，榜样	virtud *f.* 美德
felicidad *f.* 幸福	amor *m.* 爱
gratitud *f.* 感恩，感谢	

句子拓展

1. Ella es la persona más valiosa en mi vida.
她是我生命中最宝贵的人。
2. Ella siempre está presente en mis pensamientos.
她总是出现在我的思绪中。
3. Ella es quien me ha dado todo lo que tengo hoy.
她是我今天所拥有的一切的给予者。

触类旁通

1. 学生在学习和生活中通常面临着各种压力和困难，很多时候会需要从他人身上得到鼓舞或感受到榜样的力量。请以“La persona más admirable en mi vida”为题，用西班牙语写一篇短文。

注意：词数90～110个。

2. 在我们的成长过程中，老师扮演着重要的角色，他们不仅仅是知识的传授者，更是引导学生、塑造学生性格和人生观念的重要导师。我们可以回忆与老师的交流和互动，可以反思老师对自己的影响，并通过写作表达对老师的敬意和感激之情。请以“El profesor o la profesora más impresionante en mi vida”为题，用西班牙语写一篇短文。

注意：词数90～110个。

范文2 Un/una amigo/a verdadero/a

写作背景

真正的朋友是生活中的宝贵财富，他们与我们分享喜悦、度过难关。通过朋友，我们可以了解到友谊的真谛。请结合你的生活经历，以“Un amigo verdadero”为题，用西班牙语写一篇短文。

注意：词数90～110个。

范文与译文

Un amigo verdadero

De niño, era tan tímido e introvertido que no me atrevía a aceptar ningún reto. Lo dejé de ser cuando encontré a Juan, que era mi compañero de clase en la escuela secundaria y que se convertiría en mi mejor amigo para siempre.

Una vez me armé de valor para ser responsable de un proyecto escolar en una competición. Sin embargo, aparecieron unos problemas. No tenía muchos amigos, pero Juan tenía un montón. Voluntariamente, Juan me ayudó a formar un equipo de cinco personas. Además, me enseñó a comunicarme y discutir con mis compañeros y me animaba de vez en cuando. Fue la primera vez que conseguí el primer premio.

Desde entonces hasta ahora, he ganado más confianza en mí mismo y he intentado realizar tareas difíciles. Asimismo, Juan y yo estamos haciendo esfuerzos para ir a la misma universidad.

译文

一个真正的朋友

我从小就腼腆又内向，不愿意接受任何挑战。直到我遇到了胡安，他是我初中同学，并成为了我一生最好的朋友。

有一次，我鼓足勇气想在一个比赛中当一个学校项目的负责人，然而，项目中出现了一些问题。我没有很多朋友，但是胡安朋友很多。他自愿地帮助我建立了一个5人团队。另外，他还教会我如何与队员们沟通和讨论，并且时不时地鼓励我。那是我第一次得到第一名。

从那时到现在，我对自己越来越有自信，并尝试着完成更难的任务。还有，现在我们正在为了进入同一所大学努力。

重点词汇及短语

competición *f.* 比赛	confianza *f.* 信任
escuela secundaria 中学，初中	escolar *adj.* 学校的
responsable *m. f.* 负责人	aparecer *intr.* 出现
reto *m.* 挑战	aceptar un reto 接受挑战
tímido, da *adj.* 腼腆的	introvertido, da *adj.* 内向的
armarse de valor 鼓起勇气	valor *m.* 价值，勇气
tener ganas de hacer algo 想要做某事	proyecto *m.* 项目
compañero de clase 同学	para siempre 永远
un montón de 一堆，很多	tratar de hacer algo 尝试做某事
sin duda alguna 毫无疑问	de vez en cuando 有时，偶尔

写作主题

本文主题为描述一个人，可以是身边的朋友或者家人，也可以是名人或者英雄。描写人物，主要分为以下三个方面（在西班牙语高考作文中，由于篇幅限制可以任选其二）：

第一，描述人物的外貌或性格特征，爱好或习惯，也可以是外界对他或她的评价。

第二，描述人物身上发生的重大事件，或者与作者相关的一个事件或关系。这里可以突出作者的意图，可以欲扬先抑，或者用倒叙的方式。

第三，写出人物对作者的积极影响，或者对两人友谊的展望。

文章详解

段1：开门见山。介绍“我”的朋友是谁，以及他的基本信息。

De niño, era tan tímido e introvertido que no tenía ganas de aceptar ningún reto.

用一个结果状语从句，让读者真切感受到这个人物的性格特点。

Lo dejé de ser cuando encontré a Juan, que era mi compañero de clase en la escuela secundaria y que se convertiría en mi mejor amigo para siempre.

第二句点题，引出下文。

段2：重点指出我们之间发生的一个事件。包括事件的起因、经过、高潮和结局，以及影响。

Una vez me armé de valor para ser responsable de un proyecto escolar en una competición. Sin embargo, aparecieron unos problemas.

也可以用un día, había una vez等作为开头。事件内容描述一般用过去的时态。

段3：再次点题，并承诺友谊长远。表达出这件事情对作者更深远的积极影响。

Asimismo, estamos haciendo esfuerzos para ir a la misma universidad.

词汇拓展

1. 学段分类

escuela infantil 幼儿园　　escuela primaria 小学

escuela secundaria 中学　　bachillerato 高中

universidad 大学

2. 频次分类

nunca 从不　　unas veces/ algunas veces　几次

de vez en cuando/ a veces　有时，偶尔

a menudo　经常

frecuentemente/ con frecuencia　经常，常常

siempre　总是

句子拓展

1. Para mí, es tan importante que nunca puedo olvidarlo.

他对我如此的重要以至于我无法忘记他。

2. Fue la primera vez que visité la casa de mi mejor amiga.

那是我第一次去我的好朋友家。

触类旁通

每个人的心中都有一个英雄，让人敬仰，给人力量。请以“Un héroe admirable”为题，用西班牙语写一篇短文。

注意：词数90～110个。

范文3 Un libro recomendable

写作背景

书籍是一位贴心的朋友，它陪伴我们成长、启发我们的思考、拓展我们的视野。你是否拥有某本值得推荐给他人的书？请结合你的生活经历，以“Un libro recomendable”为题，用西班牙语写一篇短文。

注意：词数90～110个。

范文与译文

Un libro recomendable

Hoy quiero recomendarles un libro titulado *El Alquimista*, que es una novela escrita por el autor brasileño Paulo Coelho.

El protagonista se llama Santiago, un joven pastor andaluz que sueña con encontrar un tesoro oculto en las pirámides de Egipto. A través de sus experiencias, él aprende lecciones valiosas sobre la importancia de seguir nuestros sueños, escuchar nuestro corazón y descubrir el verdadero significado de la vida.

El Alquimista ha sido traducido a varios idiomas y ha vendido millones de copias en todo el mundo. Si estás buscando un libro que te haga reflexionar y te motive a seguir tus sueños, es una excelente opción.

译文

一本值得推荐的书

今天我想向大家推荐一本书，书名是《炼金术士》，作者是巴西作家保罗·科埃略。

主人公名叫圣地亚哥，是一名安达卢西亚的年轻牧羊人，他梦想着在埃及金字塔中找到宝藏。通过历险，他学到了追求梦想、倾听内心和发现生命真正价值的宝贵教训。

《炼金术士》已被翻译成多种语言，并在世界各地售出数百万册。如果你正在寻找一本能让你反思并激励你实现梦想的书籍，它是一个极佳的选择。

重点词汇及短语

recomendar	tr.	推荐	titulado, da	adj.	题为……的
protagonista	m. f.	故事的主人公	pastor, ra	m. f.	牧羊人
tesoro oculto		隐藏的宝藏	valioso, sa	adj.	宝贵的
significado	m.	意义	traducir	tr.	翻译
reflexionar	tr.	反思			

写作主题

本文主题为一本值得推荐的书。这本书可以是中文的或外文的，形式可以是小说、散文、诗歌、戏剧等。我们推荐的书要力求对中学生的学习和生活有帮助和提升，从内容、结构、立意方面对中学生有启发力和正确的引导。推荐一本书，应从以下几个方面行文：

第一，介绍书的标题和作者的相关背景信息。

第二，简要概括书的主题、故事情节或主要论点，一些亮点或独特之处要着重表述出来。

第三，读者可能从这本书中获得的益处，如个人成长和启发等。再次强调其价值，最后推荐给读者。

文章详解

段1：开门见山，点出推荐的书的标题和作者。

…me ha impresionado uno titulado *El Alquimista*, que es una novela escrita por el autor brasileño Paulo Coelho.

段2：简要概括书的内容，突出亮点。

A través de sus experiencias, él aprende lecciones valiosas sobre la importancia de seguir nuestros sueños, escuchar nuestro corazón y descubrir el verdadero significado de la vida.

这部分的时态通常为现在时。

常用的连接词有“a lo largo”、“a partir de”等。

段3：强调书籍给我们的好处。

Si estás buscando un libro que te haga reflexionar y te motive a seguir tus sueños, es una excelente opción.

si引导的假设句有时会出现意想不到的效果。

词汇拓展

1. 书籍信息

abarcar *tr.* 包含，包括
perfil *m.* 轮廓，侧面，特点
exclusiva *f.* 独家版权
aclamado, da *adj.* 受好评的
colección de relatos 短篇小说集，故事集

2. 内容概括

ingenioso, sa *adj.* 巧妙的，精美的
flexible *adj.* 可弯曲的
flamante *adj.* 崭新的
estilo narrativo 叙事风格
artístico, ca 艺术的
metafórico, ca *adj.* 隐喻的
argumento *m.* 文学作品的情节
particularidad *f.* 特性，独特之处

3. 获益

ventaja *f.* 优点
conveniente *adj.* 合适的
por parte doble 具有双重意义的
aprovechar *tr.* 利用
sabiduría *f.* 智慧
profundidad *f.* 深度

句子拓展

1. Este libro cuenta con un argumento capaz de mantener en vilo a los lectores y un fin inesperado porque el conocimiento literario del autor es magistral.

这本书有着扣人心弦的情节和出人意料的结局，因为作者的文学功底是大师级的。

2. La figura del protagonista es muy adecuada y desarrollada con profundidad.

主角的形象塑造得合理且深刻。

3. Este libro me ha dado una nueva perspectiva sobre el tema en el que estoy pensando.

这本书让我对正在思考的主题有了新的视角。

触类旁通

1. 阅读是一个人思考和成长的重要途径。阅读不仅可以丰富我们的知识，还可以开拓思维、培养情感。总有一本书会带给你深远、有益的影响。请以“Mi libro favorable”为题，用西班牙语写一篇短文。

注意：词数90～110个。

2. 在当今社会，电影已经成为人们日常生活中不可或缺的一部分。作为一种具有强烈传达力和感染力的艺术形式，它不仅可以调节学习生活，还可以引发思考，甚至能培养外语语感。请以“Una película recomendable”为题，用西班牙语写一篇短文。

注意：词数90～110个。

范文4 Un regalo especial

写作背景

礼物，可以是物质上的给予，但更重要的是情感上的传递。一份特别的礼物一定包含着某个人的情感或对某段时光的记忆。请结合你的生活经历，以“Un regalo especial”为题，用西班牙语写一篇短文。

注意：词数90～110个。

范文与译文

Un regalo especial

Entre todos los regalos que he recibido, el que más aprecio es la maqueta de avión que me regaló mi abuelo, la cual me acompañó durante toda mi infancia y que ahora está colocada en mi estudio.

Yo, influido por mi abuelo, desde pequeño siempre soñaba con ser un piloto extraordinario como él, volando libremente en el cielo como si fuera un pájaro feliz. Por esta razón, mi abuelo me regaló esta maqueta de avión y me animaba frecuentemente a luchar por mi sueño.

El amor de mi abuelo era tan profundo que, al ver esta maqueta, me emociono y me siento cargado de energía. Este regalo especial, para mí, no solo es un motivo que me hace esforzarme, sino que también está contando los recuerdos maravillosos entre mi querido abuelo y yo.

译文

一份特别的礼物

在我收到的所有礼物中，我最珍惜的是爷爷送给我的模型飞机，它陪伴了我整个童年，至今仍放在我的书房里。

受祖父的影响，我从小就梦想成为一名像他一样的非凡的飞行员，像一只快乐的小鸟一样在天空中自由飞翔。为此，爷爷给了我一架模型飞机，并经常鼓励我为梦想而奋斗。

爷爷的爱是如此之深，每当我看到这个模型时，我都会感到兴奋并充满能量。这份特别的礼物，对我来说，不仅是让我努力的动力，也是我和我亲爱的爷爷之间美好回忆的诉说。

重点词汇及短语

apreciar *tr.* 珍惜；赞赏	luchar por 为……而奋斗
maqueta *f.* 模型	profundo, da *adj.* 深的
colocar *tr.* 摆放	emocionado, da *adj.* 激动的
colocado, da *adj.* 摆放的	cargado, da *adj.* 装满的
influido, da *adj.* 受到影响的	energía *f.* 能量
soñar con 梦想	motivo *m.* 动机
piloto *m.f.* 飞行员	esforzarse *prnl.* 努力
pájaro *m.* 小鸟	maravilloso, sa *adj.* 美好的
animar *tr.* 鼓励	recuerdo *m.* 回忆

写作主题

描写一份特殊的礼物，写这份礼物中所寄托的情感。

文章详解

题目为“特殊的礼物”，题眼应放在“特殊”二字。怎么特殊？为什么特殊？因为谁而特殊？因为何事而特殊？这是写作时应该思考的问题。本文通过一个“飞机模型”来写出作者与爷爷之间的特殊情感，即表明了礼物的特殊性，也表现出爷爷对“我”的爱，又表达了作者对爷爷的思念。

段1：开门见山，点出礼物，并表明礼物的重要含义。

段2：具体描写为什么“我”收到了这一份礼物，侧重说明爷爷送我礼物的动机。

段3：着重写“我”的感受，我通过这份礼物得到了什么，以及对“我”来讲这份礼物的特殊之处是什么——既是我奋斗的动力，又是我与爷爷的美好回忆，回应主题、升华主题。

词汇拓展

sorpresa *f.* 惊喜	considerado, da *adj.* 体贴的
agradecimiento *m.* 感激	significado, da *adj.* 有意义的
amistad *f.* 友谊	tomar…por 把……看作
acogedor, ra *adj.* 温馨的	tesoro *m.* 宝藏

句子拓展

1. 礼物的意义

Considero este regalo especial como un estímulo y reconocimiento por mi duro trabajo.

我把这个特别的礼物当作是对我努力工作的一种鼓励和认可。

2. 送礼物的动机

Cada momento especial que pasamos juntos merece ser conmemorado con un regalo especial.

我们一起度过的每一个特别的时刻都值得用一个特别的礼物来纪念。

3. 收到礼物的心情

Él me preparó con esmero un regalo especial que me sorprendió mucho.

他为我精心准备了一份特别的礼物。

触类旁通

在你所买过的所有物品中，或许有一些只是一时兴起买下，而有一些仍在保留或在使用。无论是什么，都反映了你当时的心境。就该话题，请以“Una cosa que compré”为题，用西班牙语写一篇短文。

注意：词数 90～110个。

范文5 ¿Cómo serás en diez años?

写作背景

十年后的生活是未知的，但又是让人憧憬的。在某个时刻，你一定畅想过你的未来。请结合你的设想，以“¿Cómo serás en diez años?”为话题，自拟题目，用西班牙语写一篇短文。

注意：词数90~110个。

范文与译文

Así seré en diez años

Después de diez años, me imagino como una persona exitosa y decidida, con una gran confianza en mí mismo.

En el ámbito profesional, me convertiré en un experto en mi campo porque habré sacado muy buenas notas en mi universidad. En cuanto a mis metas personales, dedicaré tiempo a cultivar mis relaciones familiares y amistades, ya que mis familiares y amigos son una parte fundamental de mi vida.

Además, exploraré diferentes culturas, ampliando mi horizonte y nutriéndome de nuevas experiencias. Si me da tiempo, publicaré un libro, una obra en la que habré vertido mis pensamientos y emociones.

译文

十年后的我

十年后，我想象自己是一个成功而坚定的人，对自己充满了信心。

在职业领域，我将成为所在领域的专家，因为之前在大学取得了非常好的成绩。在我的个人目标方面，我会花时间培养我的家庭关系和友谊，因为我的家人和朋友是我生活的重要组成部分。

此外，我会探索不同的文化，拓宽我的视野，并从新的体验中汲取养分。如果有时间，我会出版一本书，一部倾注了我的思想和情感的作品。

重点词汇及短语

exitoso, sa	*adj.*	有成就的	ámbito profesional	专业领域

experto, ta	*m. f.*	专家	cultivar	*tr.*	培养
fundamental	*adj.*	基本的	ampliar mi horizonte		拓宽我的视野
verter	*tr.*	倾注			

写作主题

本文主题为描写十年后的自己，笔者需要展开丰富的想象，在不脱离实际的前提下，将十年后的自己生动地呈现出来，还可写出十年后的自己对现在的自己要说的话，这其中应以一般将来时态为主。

文章详解

这是一篇想象类的作文，学生在写作时可以从多方面思考，可以写自己十年后所处的环境、周遭的人、兴趣爱好的改变、梦想的实现、心态的变化等等，不要拘泥于职业的选择。

段1：开篇点题，强调“我”十年后在性格上的变化，从而引出“我”在不同领域的变化。也可以使用将来完成时来写十年后的“我”已经实现了梦想：

Al imaginarme el futuro, siempre me emociono, porque estoy seguro de que ya habré hecho realidad mis sueños.

一想到未来，我总是会激动起来，因为我很确信我一定已经实现了我的梦想。

段2：强调了在职业生涯方面的追求，通过努力学习和取得优异成绩，期望成为专业领域的专家，并为行业的发展做出重要贡献。还强调了家庭和人际关系的重要性。承诺将抽出时间来培养和加强与家人和朋友的关系，认识到家人和朋友在“我”生活中的重要性，这可以体现出对人际关系的重视和珍惜。记叙文在写作时要注意“做法”的背后的动机，切忌流水账式或漫天撒网式的描写。

段3：提到了“我”在自己的兴趣爱好方面的成就，希望将自己的思想倾注到自己的作品之中。同时，在写作时还可以考虑到知识迁移——写自己在西班牙语学习上取得的成就：

En diez años, imagino que habré alcanzado un nivel avanzado en el dominio del español hasta poder comunicarme con fluidez y precisión en diversos contextos y ocasiones.

十年后，我想我将会熟练掌握西班牙语，并能够在各种情景之下进行流利而准确地交流。

总体来说，写一篇想象作文一定要先构思你的行为动机，让这些动机支撑住你所设想出来的变化或行为，这样才能让文章更有真实性和可读性。

词汇拓展

1. 表示将来的时间连词

a partir de 在……之后	después de 在……之后

2. 专业发展

original *adj.* 与众不同	brindar *tr.* 给予，提供
premiado, da *adj.* 获奖的	perspectiva *f.* 前途，展望
actitud positiva 积极的态度	

3. 个人成长

lazo *m.* 关系，纽带	emoción *f.* 情感
adquirir *tr.* 获得，赢得	creatividad *f.* 创造性
responsabilidad *f.* 责任心	dinámico, ca *adj.* 有活力的
modalidad *f.* 方式	apasionar *tr.* 激起热情

句子拓展

1. En diez años, me imagino que seré exitoso en mi carrera y estaré estable económicamente.

十年后，我想我会在事业上取得成功，财务状况稳定。

2. Espero que en el futuro, sea una persona más sabia y haya alcanzado mis metas personales.

我希望将来我能成为一个更有智慧的人，并实现我的个人目标。

3. Creo que en el futuro seré una persona más segura de mí misma y consciente de mis superioridades y debilidades.

我相信将来我会成为一个更自信的人，并意识到自己的长处和短处。

4. Imagino que en una década, habré alcanzado un equilibrio entre el trabajo y la vida personal.

我想在10年后我会找到工作和个人生活的平衡点。

触类旁通

高中时期是学生成长和发展的重要阶段，学生们对未来充满了期待和憧憬。我们可以通过写作来表达自己对未来的期望、目标和心愿。请以“¡Hola, futuro yo!”为题，用西班牙语写一篇短文。

注意：词数90～110个。

范文6 La carrera que voy a elegir en la universidad

写作背景

选择大学专业是关乎未来的重要决定，它很大程度上会影响我们的职业发展和人生道路。对于你即将要选择的大学专业，你有什么想法？请结合你的设想，以“La carrera que voy a elegir en la universidad”为题，用西班牙语写一篇短文。

注意：词数90～110个。

范文与译文

La carrera que voy a elegir en la universidad

Al llegar al momento crucial de decidir la carrera en la universidad, mucha gente se encuentra ante un cruce lleno de posibilidades y oportunidades. En mi caso, me gustaría estudiar la historia en una universidad normal y hacerme profesor.

He aquí las razones. Primero, entre todas las asignaturas, mis notas en Historia son las más altas. Para mí, el proceso de aprendizaje es fácil y está lleno de alegría. Segundo, me gusta leer libros, sobre todo, los de literatura e historia, y he acumulado muchos conocimientos para especializarme en esta carrera. Tercero, mi sueño es llevar una vida significante y tranquila, y la enseñanza me hace sentir satisfacción.

Con el fin de ser maestro de historia, voy a elegir la carrera de Historia seguramente.

译文

我想在大学选择的专业

在决定大学专业的关键时刻，许多人面临着一个充满可能性和机会的十字路口。就我而言，我想在一所师范大学学习历史，并成为一名教师。

以下是我的理由。第一，在我所有学科中，历史的分数是最高的。对我来说，学习历史既容易又快乐。第二，我喜爱读书，特别是文学和历史方面的书，我已经为钻研历史学科积累了很多知识。第三，我的梦想是过上有意义的、安静的生活，而教学能够使我感到满足。

为了成为历史老师，我肯定要选择历史专业。

重点词汇及短语

nota *f.* 分数，笔记
literatura *f.* 文学
asignatura *f.* 科目
aprendizaje *m.* 学习
acumular *tr.* 积累
significante *adj.* 有意义的
especializarse *tr.* 专攻（某一学科或艺术等）
he aquí 接下来是
con el fin de 为了
profesión *f.* 职业
satisfacción *f.* 满足
facilidad *f.* 容易，便捷
conocimiento *m.* 知识
normal *adj.* 师范的；普通的
seguramente *adv.* 肯定的
sobre todo 尤其，特别是

写作主题

本文主题为描述未来的一个选择。描写将来的选择，可以从以下三个方面入手：

第一，由于作文篇幅的限制，建议直接写出具体的结果。

第二，主要阐述做出这个选择的原因，可以细分为内部原因、外部原因等不同方面、不同角度的理由。

第三，表达一下这个选择对我的积极影响，或对未来的展望。

文章详解

本文是描述如何选择未来的学习专业，一般的选择性的文章，需要我们做出一个详细的确定的结果。再陈述理由。

段1：第一句是讲选择的重要性。第二句用en mi caso引出作者的具体选择，这句话承上启下引出下文。也可以先列举一些其他人的选择，用sin embargo等短语，引导出作者与众不同的选择。

段2：作者充分表达了如此选择的原由。主要是结合自身实际和兴趣爱好决定要做历史老师，从而学习历史专业。原因之一也可以是社会和国家情怀等。根据具体的专业，写出真实恰当的理由。

本段表达理由，用primero, segundo, tercero来表达，清晰明了，层层递进。

段3：点题并写出了做出选择的决心。最后一段一般是点题总结，或者升华主题，本文可以用学历史教历史能够延续文化等角度结束，例如：

Para mí, la razón más importante es que la historia puede preservar y transmitir la cultura a lo largo del tiempo, enriqueciendo así nuestra vida presente y contribuyendo al legado cultural que dejaremos a las generaciones futuras.

对我来说最重要的理由就是，历史随着时间可以保留和传承文化，它在丰富我们现代生活的同时，为我们的子孙后代留下宝贵财富。

词汇拓展

primero, segundo, tercero 第一、第二、第三
en primer lugar, en segundo lugar, en tercer lugar 第一、第二、第三
ante todo, además, al final 首先、其次、最后
por un lado, por otro lado 一方面、另一方面

句子拓展

1. Con el fin de cumplir el plan con antelación, hemos cancelado todas las diversiones.

为了提前完成计划，我们取消了其他所有的娱乐活动。

2. Disfruto participando en varias actividades en la universidad para prepararme para mi futuro trabajo.

我喜欢在大学里参加各种活动，为将来的工作做准备。

触类旁通

你未来最希望从事什么职业？请以“Mi elección profesional en el futuro”为题，用西班牙语写一篇短文。

注意：词数90～110个。

范文7 Así paso mi tiempo libre

写作背景

闲暇时光是我们追求个人兴趣爱好和放松身心的宝贵时光，度过闲暇时光的方式多种多样。请结合你的生活经历，以“Así paso mi tiempo libre”为题，用西班牙语写一篇短文。

注意：词数90～110个。

范文与译文

Así paso mi tiempo libre

En un mundo lleno de horarios ocupados, el tiempo libre es un momento que aprovecho al máximo para recargar energías y encontrar el equilibrio entre el ocio y el estudio.

Una de mis actividades favoritas es meterme en la lectura. Me encanta sumergirme en todas las páginas de un buen libro, conociendo nuevas cosas y diferentes perspectivas. Otra manera en la que paso mi tiempo libre es explorar la naturaleza. Me da gusto salir a caminar por parques, senderos y bosques, respirar aire fresco y conectar con el entorno natural que me rodea. Por supuesto, también suelo organizar fiestas, compartir comidas o simplemente pasar el rato con mi familia en casa.

Cada momento libre es una oportunidad para premiar a mí mismo y vivir la vida a tope.

译文

我的空闲时间是这样度过的

在一个充满繁忙日程的世界里，我尽可能充分利用空闲时间来自我充电，找到娱乐和学习之间的平衡。

我最喜欢的活动之一就是阅读。我喜欢沉浸在一本好书的每一页之中，去了解新事物，接触不同的观点。我还喜欢探索大自然。我喜欢在公园、小道和森林里散步，呼吸清新的空气，与我周围的自然环境联系在一起。当然，我也会组织派对、与家人分享美食，或者只是在家里和家人一起打发时间。

每一个空闲的时刻都是犒劳自己并尽情享受生活的机会。

重点词汇及短语

recargar *tr.* 使加载	darle gusto a alguien 让人欢喜
energía *f.* 能量	sendero *m.* 小道
equilibrio *m.* 平衡	entorno *m.* 环境
sumergirse en 沉浸在	rodear *tr.* 围绕
página *f.* （书的）页	simplemente *adv.* 简单地
perspectiva *f.* 观点	pasar el rato 打发时间
explorar *tr.* 探索	premiar *tr.* 奖励
naturaleza *f.* 自然	vivir la vida a tope 尽情享受生活

写作主题

本文主题为如何度过空闲时间。在校学生可以叙述如何度过课余时间或假期时间。写这一话题相对是比较容易的，联系自己的实际情况有条理地叙述即可。构思时可以从自己的兴趣爱好、日常活动、社交活动等方面展开，比如阅读、音乐、旅游、运动、学习新技能、志愿服务等。叙述主要分为以下三个方面：

第一，简单介绍在空闲时间自己喜欢做或是习惯做的事情。

第二，重点叙述如何度过空闲时间，有条理地叙述各个活动。

第三，谈一下自己对于空闲时间分配方面的感悟，总结点题。

文章详解

段1：开篇点题，言简意赅，表明作者对待空闲时间的态度：充分利用它并找到娱乐和学习的平衡。适当运用常见短语aprovechar al máximo, encontrar el equilibrio entre...y...等使文章表述更加自然顺畅。当然，实际写作时开篇表达方式多样，因人而异。用何种方式开头根据自己的写作风格灵活决定即可，但需注意：无论哪种方式，切忌长篇大论、观点模糊，必须观点明确。如：

Como estudiante secundario, mi tarea principal consiste en estudiar, hacer deberes, y repasar los materiales cubiertos en clase para los exámenes. Sin embargo, hago mucho más en mi tiempo libre.

作为一名高中生，我的主要任务是学习、做作业以及复习课堂上讲解的内容以备考试。然而，在空闲时间我还做了很多事情。

段2：作者分别从阅读、散步和组织聚会等三个方面说明了自己空闲时间爱做的事情，运用不同的句式，如：Una de...es..., Me encanta..., Otra manera en la que paso mi tiempo libre es... 和Me da gusto...以及相应的连接词来自然过渡，让人读起来轻松愉快。我们在进行写作时也应注意合理使用连接词和句式变换。

段3：总结点题，谈谈自己对于空闲时间分配方面的感悟，适当运用高级词汇和短语表达为文章添彩。

Cada momento libre es una oportunidad para premiar a mí mismo y vivir la vida a tope.

词汇拓展

bailar *intr.* 跳舞
cantar *intr.* 唱歌
ir al gimnasio 健身
hacer yoga 做瑜伽
jugar al fútbol/baloncesto/tenis/voleibol/bádminton/ping-pong 踢足球、打篮球、打网球、打排球、打羽毛球、打乒乓球
jugar a los videojuegos 打游戏
jugar al ajedrez 下象棋
tocar la guitarra 谈吉他
tocar el piano 弹钢琴
viajar *intr.* 旅游
correr *intr.* 跑步
ver la televisión 看电视
fotografía *f.* 摄影
ir de compras 去购物
tomar el sol 晒太阳
ir al cine / ver la película 看电影
escuchar música 听音乐
montar en bici 骑自行车
hacer deporte 做运动
dibujar 画画
natación *f.* 游泳
cerámica *f.* 陶艺
tocar un instrumento 演奏乐器
componer música 创作音乐
trabajos manuales 手工
clubes académicos 学术俱乐部
debate *m.* 辩论
actividades al aire libre 户外活动
senderismo *m.* 徒步旅行
escalada *f.* 攀岩
recreativo, va *adj.* 供消遣的

句子拓展

1. A veces salgo a pasear por el parque cercano para relajarme.
有时候我会到附近的公园散步来放松自己。
2. Disfruto de ver series en mi tiempo de ocio.
我喜欢在闲暇时间观看电视剧。
3. Practico yoga para librar la mente y mantenerme en forma.

3. Practico yoga para librar la mente y mantenerme en forma.

我练习瑜伽来放松心情和保持身体健康。

4. A mí no me gusta ir al centro comercial porque no me gusta ir de compras. Prefiero ir a pasear al parque.

我不喜欢逛商场，因为我不喜欢购物。我更喜欢去公园散步。

5. Prefiero leer y ver la televisión, pero lo que más me gusta es hacer la natación en una piscina. En los otros días de la semana y durante la noche me quedo en casa leyendo libros, viendo películas, repasando mi español y navegando en Internet.

我更喜欢阅读和看电视，但我最喜欢的是在游泳池里游泳。一周的其他时间和晚上，我都会待在家里看书、看电影、学习西班牙语和上网。

触类旁通

1. 我们在繁忙的学业和课外活动中度过了大部分的时间，周末成为我们放松、休息和追求个人兴趣爱好的宝贵时光。请以“Así paso mis días de fin de semana.”为题，用西班牙语写一篇短文。

注意：词数90～110个。

2. 我们在面对繁重的学业压力和各种课外活动时，合理安排和管理自己的休闲时间显得尤为重要。请结合你的生活经历，以“¿Cómo organizamos nuestro tiempo de ocio?”为题，用西班牙语写一篇短文。

注意：词数90～110个。

范文8 Mi sueño

写作背景

梦想是人生旅程中的指南针，是我们奋斗的方向和动力。只要我们拥有梦想，就能拥有无限的可能。请结合你的生活经历，以“Mi sueño”为题，用西班牙语写一篇短文。

注意：词数90～110个。

范文与译文

Mi sueño

De pequeño, he tenido un sueño que me llena de emoción: llevar a mis padres a recorrer el mundo. Para mí, es una oportunidad para compartir momentos inolvidables con ellos y crear recuerdos que atesoraremos para siempre.

Siendo mi mayor apoyo y fuente de inspiración, mis padres han sacrificado mucho por mí y han trabajado incansablemente para brindarme una vida mejor, por eso siempre espero tener una oportunidad de devolverles algo de ese amor y cuidado.

Me imagino recorriendo con ellos las calles de ciudades antiguas, maravillándonos juntos ante la naturaleza y sumergiéndonos en la riqueza cultural de diferentes países. Quiero ver lo alegres que se sienten mientras disfrutan de experiencias nuevas y descubren lugares exóticos.

Sí, este sueño es más que un simple deseo. Es un motor que me impulsa a esforzarme, a superar obstáculos y a perseguir mis metas con determinación y dedicación.

译文

我的梦想

我从小就拥有一个让我充满激动的梦想，那就是带着我的父母周游世界。对我来说，这是一个能够和他们分享难忘时光、创造永久回忆的机会。

我的父母是我最大的支持和灵感来源。他们为我牺牲了很多，不知疲倦地工作，为我提供了更好的生活。因此，我一直希望能够回报他们对我的爱和关怀。

我想象着和他们一起走过古老城市的街道，一起在大自然面前惊叹，一起沉浸在不同国家丰富的文化中。我想看到他们享受新体验和探索新地方时有多快乐。

是的，这个梦想不仅仅是一个简单的愿望。它是我努力的动力，是我克服障碍、坚定追求目标的动力。

重点词汇及短语

de pequeño 从小	sumergirse *prnl.* 沉思
emoción *f.* 激动	exótico, ca *adj.* 异域风情的
recorrer *tr.* 走遍	motor *m.* 动力；发动机
atesorar *tr.* 珍藏	impulsar *tr.* 推动
inspiración *f.* 灵感	obstáculo *m.* 阻碍
sacrificar *tr.* 牺牲	perseguir *tr.* 追求
incansablemente *adv.* 不知疲倦地	meta *f.* 目标
brindar *tr.* 提供	determinación *f.* 决心
maravillarse *prnl.* 感到惊讶	dedicación *f.* 专心

写作主题

本文主题为描述“我”的梦想。首先，撰写该主题时我们需要根据文章的实际叙述内容选用合适的时态，在表述过去、现在以及将来事件时其时态是有所不同的。其次，描述梦想可以从以下三个方面入手（由于西班牙语高考作文的篇幅限制，可以任选其二）：

第一，写出具体的梦想或想做的事，越详细越真实越好。

第二，描述理由，如他人的影响或者自己的经历。

第三，写出实现梦想的路径，或表达会继续努力使之成为现实的渴望。

文章详解

段1：开门见山，写出具体梦想或者明确的方向。这里需要注意：如果是描述现在或将来则使用相关的时态即可，但如果句中有de niño/de pequeño/cuando era un niño等这样的表述时，时态一定要定位在过去。如：

Tras haber estudiado el español, mi sueño se convirtió en ser diplomático.

在学习西班牙语以后，我的梦想是成为一名外交官。

段2：阐述想要实现这个梦想的理由和原因，使文章更具有说服力。

...han sacrificado mucho por mí y han trabajado incansablemente para...por eso...

段3：描述梦想的具体内容以及它带来的不同体验和感受，运用感叹句等来丰富文章语言表达。

Me imagino...y sumergiéndonos en la riqueza cultural de diferentes países. Quiero ver lo alegres que...y descubren lugares exóticos.

段4：再次点题，并从主观角度阐述相关理由。

Es un motor que me impulsa a esforzarme, a superar obstáculos y a perseguir mis metas con determinación y dedicación.

词汇拓展

meta *f.* 目标
objetivo *m.* 目标
pasión *f.* 激情
determinación *f.* 决心
autodisciplina *f.* 自律
éxito *m.* 成功
planificación *f.* 规划
autoconocimiento *m.* 自我意识
realización personal 自我实现
desarrollo personal 个人发展
creatividad 创造力
trabajo en equipo 团队合作
conseguir / lograr 成功做某事
médico, ca *m.f.* 医生
enfermero, ra *m.f.* 护士
abogado, da *m.f.* 律师
veterinario, ria *m.f.* 兽医
ingeniero, ra *m.f.* 工程师
policía *m.f.* 警察
bombero, ra *m.f.* 消防员
astronauta *m.f.* 宇航员
azafata *f.* 空姐
actor *m.* 男演员
actirz *f.* 女演员
conductor, ra *m.f.* 司机
presidente, ta *m.f.* 总统
empresario, ria *m.f.* 企业家
fotógrafo, fa *m.f.* 摄影家
cantante *m.f.* 歌手
escritor, ra *m.f.* 作家

句子拓展

1. Sigue tu corazón y tus sueños se harán realidad.

跟随你的心，梦想自会成真。

2. En el rincón más íntimo de mi ser, reside un sueño que brilla con la intensidad de mil estrellas. Es una visión que me acompaña en las noches más oscuras y en los días más luminosos.

在我内心最深处的角落，有一个梦想，它闪耀着万千星辰的光芒。它伴随我度过最黑暗的夜晚和最明亮的白天。

3. Mi sueño es más que un simple deseo; es la brújula que guía mis pasos hacia un horizonte lleno de posibilidades.

我的梦想不仅仅是一个愿望，它还是指引我迈向充满无限可能的地平线的指南针。

4. En resumen, mi sueño es mi combustible, mi inspiración y mi guía en el viaje de la vida. Es el motor que impulsa cada paso que doy.

简而言之，我的梦想是我人生旅途中的燃料、灵感和指南。它是驱动我迈出每一步的引擎。

触类旁通

你未来的理想生活是怎样的？请结合你的生活经历，以“Mi vida ideal”为题，用西班牙语写一篇短文。

注意：词数90～110个。

范文9 El festival tradicional chino que me gusta más

写作背景

中国有着许多传统节日，每一个节日都承载着厚重的历史和文化内涵。感受中国的节日氛围，能够加深我们对中国文化的认识和理解。请结合你的生活经历，以“El festival tradicional chino que me gusta más”为题，用西班牙语写一篇短文。

注意：词数90～110个。

范文与译文

El festival tradicional chino que me gusta más

A mí el festival que más me gusta es el Festival de los Faroles, que se celebra el día 15 del primer mes del calendario lunar chino. Es una de las festividades más importantes en la cultura china.

Durante este festival, las calles y las plazas se decoran con coloridas linternas de papel con diseños elaborados. Por la noche, las ciudades se iluminan con miles de faroles de diferentes formas y tamaños. Con la belleza visual de los faroles, toda mi familia participa en las diversas actividades, que pueden incluir danzas del león y del dragón.

También me encanta comer los *yuanxiao*, bollos de arroz glutinoso con relleno de pasta dulce, que son muy ricos.

En resumen, es un festival muy divertido y animado. Con él iniciamos un año nuevo lleno de alegría.

译文

我最喜欢的中国传统节日

我最喜欢的节日是在中国农历正月十五庆祝的元宵节。它是中国文化中最重要的节日之一。

在节日期间，街道和广场都会用色彩缤纷、设计精美的纸灯笼来装饰。到了晚上，城市会被成千上万形状各异、大小不一的灯笼点亮。在灯笼的美丽视觉映衬下，我全家都会参与各种活动，包括舞狮和舞龙。

我还特别喜欢吃元宵，它是带甜馅儿的糯米团子，非常美味。

总之，这是一个非常有趣、热闹的节日。伴随着这个节日，我们开始走进一个充满快乐的新年。

重点词汇及短语

calendario lunar chino 中国农历	decorar *tr.* 装饰
farol *m.* 灯笼	linterna *f.* 手灯，提灯
diseño elaborado 精心设计	iluminar *tr.* 照亮
tamaño *m.* 大小，尺寸	belleza *f.* 美丽
visual *adj.* 视觉的	dragón *m.* 龙
bollo *m.* 包子	arroz glutinoso 糯米

写作主题

本文主题为描述“我”最喜欢的中国传统节日，其落脚应在“传统”上面，可以描述饮食习惯，如饺子、元宵等；也可以描述传统的装饰和庆祝活动，如赛龙舟等。如能了解该传统节日的历史背景或起源故事，则更能增加文章的生动性。此外，还需依赖细节描述，来让读者身临其境体会节日的良好氛围。描述中国传统节日，主要分为以下几个方面：

第一，简单介绍“我”最喜欢的传统节日，如日期、来源、地位等。

第二，分点列举并详细描述这个节日的主要习俗和活动。

第三，描述自己或与家人参与这些习俗的经历，表达对这个节日的喜爱之情。

第四，再次点题，强调所描述节日的独特性。也可提出一些对未来的期许，增加文章的深意。

文章详解

段1：第一句介绍“我”最喜欢的中国传统节日是元宵节及其重要性。如：

A mí me encanta más la Fiesta de la Primavera de China, porque desempeña un papel muy importante en nuestra cultura tradicional.

我更喜欢春节，因为它在我们传统文化中扮演着重要的角色。

段2：细节描写，具体描写元宵节的习俗和娱乐活动。如：Durante este festival...toda mi familia participa en las diversas actividades...

段3：特别指出“我”过节时最喜欢吃元宵这个具有特别意义的事情。

段4：总结点题，强调元宵节的趣味性和独特性。

En resumen, es un festival muy divertido y animado.

词汇拓展

1. 传统节日

Fiesta de la Primavera de China	春节	Fiesta del Siete de Julio	七夕节
Festival de Qingming	清明节	Fiesta del Medio Otoño	中秋节
Fiesta del Bote del Dragón	端午节	Festival de las Montañas Altas	重阳节

2. 描述节日

zanco	*m.*	高跷	urraca	*f.*	喜鹊
poético, ca	*adj.*	富有诗意的	felicidad	*f.*	幸福
acto celebratorio		庆祝活动	festejo	*m.*	节日活动，款待
echar de menos		思念	lo más característico		最具特色的
ceremonia	*f.*	典礼，仪式，礼节	espectáculo	*m.*	表演
augurio	*m.*	预言	unión familiar		家庭团圆

3. 节日美食和庆祝活动

ravioles	*m.(pl.)*	饺子	gastronomía	*f.*	美食
bolita de arroz		圆子	auténtico, ca	*adj.*	真正的，纯正的
regata	*f.*	划船比赛			

句子拓展

1. En el Año Nuevo Chino, las familias se reúnen para cenar juntas y ver los fuegos artificiales.

每逢春节，家家户户都会聚在一起吃年夜饭并欣赏烟花。

2. Durante el Día del Dragón, se organizan regatas y se comen “zongzi” , un plato hecho de arroz glutinoso con rellenos de frijoles.

端午节期间，人们会组织赛龙舟，吃糯米做的豆馅“粽子”。

3. La Fiesta de Laba se celebra el octavo día del duodécimo mes lunar, en la que se cocina y se consume la sopa con ocho tipos de granos.

腊八节是农历十二月初八，在这一天，人们用八种谷物煮粥食用。

触类旁通

中华文化博大精深，拥有许多令人着迷的传统习俗和风俗。请结合你的生活经历，以“La costumbre china que más me atrae”为题，用西班牙语写一篇短文。

注意：词数90～110个。

范文10 Mi experiencia de aprender español

写作背景

学习西班牙语是一次丰富多彩的旅程，在旅程中我们掌握了一门新的语言、了解到了西班牙语国家的风情，但这个过程中可能也会有一些困难时刻。请结合你的学习经历，以“Mi experiencia de aprender español”为题，用西班牙语写一篇短文。

注意：词数90～110个。

范文与译文

Mi experiencia de aprender español

Aprender español ha sido una experiencia increíble para mí. Empecé a tomar las clases cuando tenía 12 años y fueron un poco abrumadoras. Las conjugaciones verbales y la pronunciación eran difíciles de dominar, pero poco a poco fui mejorando.

Además, aprender español me ha llevado a un mundo nuevo, ya que ahora puedo disfrutar de música y películas en español sin necesidad de subtítulos, lo cual es muy gratificante. También tuve la oportunidad de viajar a Valencia y me comuniqué con la gente local, lo que ha enriquecido mis experiencias.

Aunque todavía tengo un largo camino por recorrer, estoy emocionado por seguir aprendiendo español. Es un idioma hermoso y me encanta la sensación de estar cada vez más cerca de lograr hablarlo de maner fluida.

译文

我的西班牙语学习经历

学习西班牙语对我来说是一次不可思议的经历。我12岁时就开始上西班牙语课了。课程一开始有点让人不知所措。动词变位和发音很难掌握，但我慢慢取得了进步。

此外，学习西班牙语把我带到了一个新的世界，如今我可以享受没有字幕的西班牙语电影和音乐，让我非常开心。我还有机会去了瓦伦西亚旅行，与当地人交流，这让我的旅行体验更加丰富。

虽然我还有很长的路要走，但我很高兴能继续学习西班牙语。它是一种美丽的语言，我也非常喜欢能越来越接近流利地说西班牙语的感觉。

重点词汇及短语

increíble	*adj.*	不可思议的	sumergirse	*prnl.*	沉浸
abrumador, ra	*adj.*	不知所措	conjugaciones verbales		动词变位
subtítulo	*m.*	字幕	gratificante	*adj.*	使人高兴的
local	*adj.*	本地的	enriquecer	*tr.*	使丰富
recorrer	*tr.*	走过	hermoso, sa	*adj.*	美丽的
sensación	*f.*	感觉	fluido, da	*adj.*	流利的

写作主题

本文主题为叙述我的西班牙语学习经历，属于记叙文，可以从以下几个方面叙述：

第一，简要介绍学习西班牙语的初衷，以及开始学习这门语言的感受。

第二，举例说明起始阶段遇到的困难和挑战是什么，如动词变位规则的掌握或是对“性数一致”规则的理解，以及学习新单词的方式方法等。同时，描述自己是如何克服这些困难和应对挑战的，如通过反复练习、寻求老师或同学的帮助等。

第三，详细描述自己在西班牙语学习中的成长和进步过程。可以提及逐渐能够流利地与说西班牙语的人交流，能够阅读和理解更复杂的文本，或者在口语和书面表达上有了显著提高。分享你为此感到自豪和满足的时刻。

第四，总结你自己在学习西班牙语过程中的收获和体验。可以谈论对西班牙文化、历史和社会的更深入理解，以及通过语言学习带来的个人成长和自信心的提高。同时，你也可以反思自己的学习方法，分享一些关于如何更有效地学习西班牙语的建议。

第五，展望未来，可以制定继续学习西班牙语的计划，也可以期望去说西班牙语的国家旅行并与当地人交流。

文章详解

段1：回忆自己开始学习西班牙语的经历。

第二句叙述了学习过程中遇到的挑战和自己取得的进步。如动词变位和发音的难度，但随着时间的推移，逐渐掌握了这些内容。

Las conjugaciones verbales y la pronunciación eran difíciles de dominar, pero poco a poco fui mejorando.

段2：前两句详述学习西班牙语给自己带来了很多的机会，比如欣赏西班牙语的电影和音乐，以及去瓦伦西亚旅行并与当地人交流。

Además, aprender español me ha llevado a un mundo nuevo, ya que ahora puedo disfrutar de música y películas en español...y me comuniqué con la gente local...

段3：后两句表达了自己对学习西班牙语的热情和期待。

Estoy emocionado por seguir aprendiendo el español...y me encanta la sensación de estar cada vez más cerca de lograr hablarlo de manera fluida.

词汇拓展

1. 自我努力

constante *adj.* 持久不变的，经常的　　esforzarse *prnl.* 努力
ejercicios de afianzamiento 巩固练习

2. 学习方法

interpretación *f.* 翻译　　velocidad *f.* 语速
acento *m.* 口音，重音　　memorizar *tr.* 背诵，记下来
en voz alta 高声地　　sintaxis *f.* 句型
pronunciación *f.* 发音　　conversación *f.* 对话

3. 学习心理

aficionado, da *adj.* 热衷的，喜欢的
aplicado, da *adj.* 专心致志的，努力的

句子拓展

1. Para mí fue muy duro aprender la pronunciación y las diferentes conjugaciones verbales.

学习发音和不同的动词变位曾经对我来说非常困难。

2. Es obvio que el español es una lengua diversa, con una diferente característica en cada país, lo cual hace que el aprendizaje sea mucho más interesante.

很明显，西班牙语是一种多样化的语言，每个国家都有不同的特点，这使得学习更加有趣。

3. Aunque todavía tengo mucho por delante, estoy muy feliz de seguir aprendiendo el español, que es una lengua hermosa y cada día estoy más cerca de dominarla.

虽然我还有很多要改进的地方，但我很高兴能继续学习西班牙语，这是一门

美丽的语言，而且我每天都离掌握它更近。

触类旁通

在学习西班牙语的过程中，我们肯定会与母语为西班牙语的人交流，或是外教，或是西班牙朋友甚至亲戚等。请结合你的生活经历，以“La primera vez que hablé con un hispanohablante.”为题，用西班牙语写一篇短文。

注意：词数90～110个。

范文11 Una cosa que me hace sentirme arrepentido/a

写作背景

回顾过去，每个人都会有一些遗憾和后悔的事。也许我们会从中反思和总结，也许我们还没有找到合适的方式去“消化”它。请结合你的生活经历，以“Una cosa que me hace sentirme arrepentido/a”为题，用西班牙语写一篇短文。

注意：词数90～110个。

范文与译文

Una cosa que me hace sentirme arrepentido

Mirando hacia atrás, he hecho muchas cosas malas. Hay una experiencia de la que me arrepiento hasta el día de hoy.

Recuerdo que, cuando tenía 13 años, mi tía visitó a mis padres, y mi madre me pidió que llevara a mi primo Felipe al supermercado que estaba cerca. Él tenía 6 años y era muy travieso. Mi tía me enfatizó varias veces que hacía falta cuidar bien a Felipe. Se lo prometí. Pero me olvidé de él en un abrir y cerrar de ojos al entrar en la puerta del supermercado. Además, me encontré con un amigo, charlamos un rato y nos fuimos a casa con los objetos de la lista de compras. Al verme solo, toda la familia se quedó atónita. Mi mamá me preguntó a gritos: “Pero ¿dónde está tu primo?”

Afortunadamente, el dueño del supermercado atendió a Felipe. De lo contrario, habría sido muy probable que él nunca hubiera regresado.

译文

让我后悔的一件事情

回想过去，我做过很多错事，有一件事让我至今都很后悔。

我记得在我13岁的时候，我的姑姑来拜访我父母，妈妈让我带表弟菲利佩去不远的超市买东西。当年表弟6岁，非常调皮。姑姑跟我强调几次，要我一定把菲利佩看好。我保证没问题。可是我一进超市门，转眼就把他忘记了。我还在超市里碰到了朋友，我们聊了一会儿，买好购物清单上的物品后就结伴回家了。看到我一个人回家，全家人都愣住了。我妈大声对我喊道：“你表弟在哪里？”

幸亏超市老板照顾了表弟。否则，表弟可能就再也回不了家了。

重点词汇及短语

lista *f.* 清单，名单	confianza *f.* 信任
supermercado *m.* 超市	objeto *m.* 物体
dueño *m.* 主人	grito *m.* 喊声
charlar *intr.* 聊天	recordar *tr.* 想起
enfatizar *tr.* 强调	cuidar *tr.* 照顾
atender *tr.* 照看	regresar *intr.* 返回
encontrarse *prnl.* 遇到	travieso, sa *adj.* 调皮的
solo, la *adj.* 独自的，单独的	atónito, ta *adj.* 呆住的
probable *adj.* 可能的	afortunadamente *adv.* 幸运的是
atrás *adv.* 后面	estar cerca 在附近的
en un abrir y cerrar de ojos 转瞬间	de lo contrario 相反地
a gritos 大声地	

写作主题

本文主题为写一件让“我”后悔事情。

第一，一般用过去时态，简单过去时或者过去未完成时。

第二，详细描述时间的起因、经过和结果。这里可以突出作者的意图。

第三，点题关键词“后悔”。

文章详解

段1：开门见山，表明我做过一件特别后悔的事情。

Mirando hacia atrás, he hecho muchas cosas malas. Hay una experiencia de la que me arrepiento hasta el día de hoy.

段2：详细描述这件事，包括事件的起因、经过、高潮和结局，以及事后的影响。

Mi madre me preguntó a gritos: “Pero ¿dónde está tu primo?”

全文没有直说“我”把表弟丢了，而是通过“我”的一系列行为和妈妈的问话，延展故事情节。

段3：结果是幸运的。表达作者认识了自己的错误，并心有余悸。

Afortunadamente, el dueño del supermercado atendió a Felipe. De lo contrario, habría sido muy probable que él nunca hubiera regresado.

词汇拓展

表达“一瞬间”“一眨眼的功夫”

en un instante	en un abrir y cerrar de ojos
en un segundo	en un santiamén

句子拓展

1. Es probable que ya lo sepa，así que no hace falta que ocultemos la verdad a todo el mundo.

他可能已经知道那件事情了，因此我们没必要再向所有人隐瞒真相了。

2. Me arrepiento de lo que hice ayer, es que me equivoqué del momento y del lugar.

我对于昨天做的事非常后悔，是我搞错了时间和地点。

3. Tengo una historia que nunca le he dicho a nadie y de la que me arrepiento.

我有一件从来没告诉任何人的、让我非常后悔的事情。

触类旁通

作为中学生，你一定有着丰富多彩的课堂生活。请结合你的个人经历，以“Una clase especial”为题，用西班牙语写一篇短文。

注意：词数90～110个。

范文12 Mi experiencia al aprender una técnica nueva

写作背景

学习新技能是一次挑战和成长过程，它让我们不断探索和尝试，拓展自己的视野。这个过程必定是难忘而有趣的。请结合你的生活经历，以“Mi experiencia al aprender una técnica nueva”为题，用西班牙语写一篇短文。

注意：词数90～110个。

范文与译文

Mi experiencia al aprender una técnica nueva

Hace unos años, decidí aprender a tocar la guitarra. Al principio, fue complicado aprender los acordes. También me costaba coordinar mis dedos para cambiar rápidamente entre ellos. Sin embargo, no me di por vencido y practiqué regularmente.

Una de las experiencias más gratificantes fue cuando finalmente pude tocar una canción completa por primera vez. Continué practicando y por fin pude aprender varias canciones diferentes. Esa vez, aprendí que la paciencia, la práctica constante y la determinación son claves para dominar cualquier técnica. Ahora puedo disfrutar de la guitarra y expresarme a través de la música.

Supongo que cada experiencia es única y personal. ¿Cuál es la tuya?

译文

学习新技能的体验

几年前，我决定开始学弹吉他。起初，我觉得学习和弦很难，我也很难协调手指在和弦之间快速切换。然而，我没有因此气馁，而是定期练习。

最令我欣慰的经历之一是我第一次能够完整地弹奏一首曲子。我继续练习，最终学会弹奏几首不同的歌曲。经过那次经历我明白了耐心、坚持不懈的练习和决心是掌握任何技能的关键。现在我可以享受弹吉他的乐趣，并通过音乐表达自己。

我想每一次经历都是独一无二的，你的经历又是什么呢？

重点词汇及短语

guitarra *f.* 吉他	por primera vez 第一次
por fin 终于	aprovechar la oportunidad 利用机会
determinación *f.* 决心	a través de 通过
único, ca *adj.* 独特的	personal *adj.* 个人的

写作主题

本文主题为学习一项新技能的体验，主要分为以下三个方面：

第一，简介学习新技能的背景和意义。必要时需要对所要描写的新技能进行定义，以便读者理解。

第二，详述学习过程，包括遇到的困难和面临的挑战，自己的应对策略和之后取得的进步。

第三，分享个人的体验，包括学习过程中的感受以及对新技能的从初次尝试到最终掌握的整个过程的个人感受。

文章详解

段1：开头直接写我决定学弹吉他以及遇到困难也不会放弃的决心。

Decidí aprender a tocar la guitarra. Al principio, fue complicado...Sin embargo, no me di por vencido y la practiqué regularmente.

段2：详述非常有价值的一次经历和自己的感悟：认识到耐心、坚持不懈的练习以及决心是掌握任何技术的关键。

Una de las experiencias más gratificantes fue...Aprendí que la paciencia, la práctica constante y la determinación son claves para dominar cualquier técnica.

段3：鼓励读者分享自己的经历，引发读者的思考和共鸣。

Supongo que cada experiencia es única y personal. ¿Cuál es la tuya?

词汇拓展

1. 学习技能

progreso *m.* 进步	posición *f.* 位置
mediante *adv.* 凭借，借助	coordinar *tr.* 使协调

sugerencia	*f.*	提议，建议	entrenamiento	*m.*	训练
preparación	*f.*	准备	informático, ca	*adj.*	计算机科学的
conjunto de programas informáticos		程序包			
fruto	*m.*	成果	conocimiento	*m.*	知识
interfaz	*f.*	界面	completamente	*adv.*	完全地
desafío	*m.*	挑战	cursillo	*m.*	教程
en línea		在线	recursos	*pl.*	资源
gratuito, ta	*adj.*	免费的	novato, ta	*m.f.*	新手

2. 内心情感

frustración	*f.*	挫折	altibajo	*m.*	坎坷不平
desesperado, da	*adj.*	灰心的，沮丧的	dedicación	*f.*	奉献
perseverante	*adj.*	坚持不懈的	orgulloso, sa	*adj.*	骄傲的
concentración	*f.*	专注	interés	*m.*	兴趣
superar	*tr.*	克服	obstáculo	*m.*	障碍
compartir experiencias		分享经验			

句子拓展

1. Mi experiencia al aprender una nueva técnica ha sido muy interesante.
我学习新技术的经历非常有趣。

2. El aprendizaje no se detuvo aquí, continué practicando hasta perfeccionar la técnica adquirida.
学习并没有就此止步，我继续练习，直到我完善了我所获得的技能。

3. Todo conocimiento auténtico nace de la experiencia directa.
一切真知都源于实践/实践出真知。

4. Seguro que mucha gente tiene una experiencia similar.
肯定有很多人有相似的经历。

5. Esa fue una experiencia dolorosa, pero útil.
那是一个痛苦的经历，但是很有益。

6. Es un enriquecimiento de la vida, de la experiencia.
这是一种生活和经历的富足。

7.Viví una experiencia inolvidable que me enseñó muchas cosas importantes.
我有一段难以忘记的经历，它教会了我很多重要的东西。

触类旁通

1. 可能你学习演奏过一种乐器，请以“Una experiencia de aprender un nuevo instrumento musical”为题，用西班牙语写一篇短文。

注意：词数90～110个。

2. 随着科技的不断发展，掌握新技能和新工具的重要性变得越来越明显。当你第一次接触新科技的时候有什么体验？请以“Primer contacto con la nueva tecnología”为题，用西班牙语写一篇短文。

注意：词数90～110个。

范文13 Mi plan para las vacaciones

写作背景

这个假期你有什么计划？你是否计划探索、发现、体验新事物，丰富自己的生活，创造美好的回忆？请结合你的设想，以“Mi plan para las vacaciones”为题，用西班牙语写一篇短文。

注意：词数90～110个。

范文与译文

Mi plan para las vacaciones

Se aproximan las vacaciones de verano, así que tengo un plan para disfrutar esos excelentes días. He decidido ir a Barcelona, una gran ciudad turística de España.

Al llegar al destino, visitaré el Barrio Gótico y la Catedral de Barcelona. También haré un recorrido por las obras maestras de Antoni Gaudí, como la Sagrada Familia y el Parque Güell. Por supuesto, pasaré un día para relajarme en la playa y tomar el sol. En cuanto a la gastronomía, visitaré el famoso mercado de La Boquería y probaré las ricas tapas del Mercado de San José. Después de comer, recorreré el Paseo de Gracia y apreciaré las tiendas de diseño y la arquitectura modernista.

Por último, lo más importante es la seguridad y seguir las recomendaciones locales.

译文

我的假期计划

暑假快到了，所以我有一个计划来享受那美好的时光。我决定去巴塞罗那，一个西班牙的大型旅游城市。

抵达目的地后，我会参观哥特区和巴塞罗那大教堂。我也会参观安东尼·高迪的杰作，如圣家堂和奎尔公园。当然，我会花一天时间在海滩上放松一下，沐浴在阳光下。至于美食，我将参观著名的拉波克里亚市场，并在圣何塞市场品尝美味的小吃。午餐后，我会漫步格拉西亚大道，欣赏设计商店和现代主义建筑。

最后，旅游最重要的是确保人身安全，遵循当地的旅游指示。

重点词汇及短语

las vacaciones de verano *f.*	暑假	explorar *tr.*	探索
turístico, ca *adj.*	旅游的	relajarse *prnl.*	放松
gastronomía *f.*	美食	apreciar *tr.*	欣赏
diseño *m.*	设计	la arquitectura modernista	现代建筑

写作主题

本文主题为描述假期计划，可以是旅行计划、学习计划、休闲计划、社交计划和健康管理计划等。描述假期计划，主要分为以下几个方面：

第一，简要介绍假期对于人们的重要性，以及假期能够带来的放松和愉悦。简述自己目前的状况，为下文讲述假期计划做铺垫。

第二，详细描述自己的假期计划。以旅游计划为例，包括旅游目的地、活动安排、行程时间等方面。可以结合个人兴趣爱好和旅游经历，阐述选择这些地方的原因和期待。

第三，介绍为达成假期计划所做的准备工作。以旅行计划为例，如购买机票、预订酒店、打包行李等。同时可以简述在实施过程中如何应对可能出现的意外情况。

第四，表达对于假期计划的期待和展望，分享对于未来假期的规划和设想。落脚点可以是合理安排假期，享受生活的美好时光。

文章详解

段1：开门见山。点出选择的目的地是巴塞罗那。

He decidido ir a Barcelona, una gran ciudad turística de España.

段2：详细规划了在巴塞罗那的行程。涉及的元素有大教堂、海滩、美食建筑等，如：

Crearé un itinerario con las actividades que me gustaría hacer y los lugares que me gustarían visitar. Primero, visitaré el Museo del Prado...

我会制定一个行程，做一些我喜欢的事情，游览一些我想参观的景点。比如，我会先参观普拉多博物馆……

段3：行程规划好后，强调注意事项。

Por último, lo más importante es la seguridad y seguir las recomendaciones locales.

词汇拓展

1. 假期计划

horario *m.* 时间表
seguimiento de la programación 行程管理
lista de necesidades 必需品清单
con antelación 提前

2. 活动内容

actividad *f.* 活动
cuidado de la salud 健康护理
compartir el tiempo con la familia 与家人共度时光
explorar nuevas cosas 探索新事物
oferta *f.* 优惠
entretenimiento *m.* 消遣
langostino *m.* 对虾
recorrido *m.* 路线，转一圈
completarse *prnl.* 充实

3. 合理安排

información acerca de la ubicación 位置信息
mesón *f.* 旅馆
punto de encuentro 集合地点

4. 主观感受

agradable *adj.* 令人愉快的
placer *m.* 乐趣，娱乐
emocionante *adj.* 令人兴奋的
aventura *f.* 冒险
naturaleza *f.* 大自然
navegar por Internet 上网
atracciones turísticas 旅游景点
itinerario *m.* 行程

句子拓展

1. Tengo varias actividades planeadas para mis vacaciones, incluyendo pasear, visitar atracciones turísticas y comer las tapas.

我为我的假期计划了几项活动，包括散步、参观旅游景点和吃小吃。

2. Durante las vacaciones, también dedicaré tiempo al entretenimiento, como ver películas y leer libros.

在假期期间，我也会花时间进行娱乐，例如看电影和看书。

3. Siempre prefiero tomar un café en la playa mientras miro el mar. También me gusta visitar algunos lugares con expresiones artísticas interesantes.

我总是喜欢在沙滩上一边喝咖啡，一边看海。我也喜欢参观一些有趣的有艺

术气息的地方。

触类旁通

1. 制定合理的学习计划可以帮助我们提高学习效率，达到更好的学习成果，并养成自律的习惯。请以“Mi plan de estudio”为题，用西班牙语写一篇短文。

注意：词数90～110个。

2. 制定合理的训练计划可以帮助我们有计划、有目标地提高身体素质，培养良好的性格品质，并促进全面发展。请以“Mi plan de entrenamiento”为题，用西班牙语写一篇短文。

注意：词数90～110个。

范文14 Mi experiencia como voluntario/a

写作背景

志愿者支撑着我们社会的良性发展，他们向人们传递着爱心与温暖。你一定也参与过志愿者服务，从中你有什么感悟？请结合你的生活经历，以“Mi experiencia como voluntario/a”为题，用西班牙语写一篇短文。

注意：词数90～110个。

范文与译文

Mi experiencia como voluntario

Desde el momento en que decidí ser voluntario, supe que estaba poniéndome en un camino que me dirigiría a un futuro más significativo y enriquecedor.

Hace dos años asistí a un programa voluntario, cuyo objetivo trataba de ayudar a los animales callejeros en un refugio local. Los voluntarios nos dividimos en cuatro grupos y cada uno se encargaba de una tarea: construir casitas, repartir comida y agua, limpiar el refugio y realizar reconocimientos médicos. Aun siendo trabajoso, me sentí contento y pronto me di cuenta de que mi labor no era solo darles de comer, sino también brindarles amor y atención cuando fuera necesario.

A través de esta experiencia, aprendí a prestar el amor incondicional con la empatía y la responsabilidad a los grupos más débiles de nuestra sociedad.

译文

我的志愿者经历

从我决定成为一名志愿者的那一刻起，我就知道我正在走向一个更有意义和丰富的未来。

两年前，我参加了一个志愿者项目，其目标是帮助当地收容所的流浪动物。志愿者们分成四组，每组负责一项任务：建造小屋、分发食物和水、清洁收容所以及体检。尽管工作很辛苦，但我感到非常高兴，并很快意识到，我的工作不仅仅是为它们提供食物，还包括在必要时给予它们爱和关怀。

通过这次经历，我学会了用同情心和责任心向社会中的弱势群体给予无条件的爱。

重点词汇及短语

ponerse en camino　上路	reconocimiento médico　体检
dirigir　*tr.*　引导	trabajoso, sa　*adj.*　费力的，艰难的
significativo, va　*adj.*　有意义的	darse cuenta de　意识到
enriquecedor, ra　*adj.*　丰富的	proporcionar　*tr.*　提供
objetivo　*m.*　目标	brindar　*tr.*　提供
los animales callejeros　流浪动物	atención　*f.*　关心
refugio　*m.*　收容所	aprender a　学会
local　*adj.*　当地的	incondicional　*adj.*　无条件的
dividir en grupo　分组	empatía　*f.*　同情心
encargarse de　负责	responsabilidad　*f.*　责任心
construir　*tr.*　建造	débil　*adj.*　虚弱的；弱小的
repartir　*tr.*　分发	

写作主题

本文主题是描述志愿者经历，即描写过去的一个事件。通常我们可以从以下三个方面入手：

第一，写出此经历的时间、地点、起因。

第二，详细描述志愿者经历的过程以及感受。

第三，表达志愿者经历给作者的积极影响。

文章详解

段1：开门见山，切入志愿者这一话题，引起读者的兴趣。也可直接写何时何地何原由参加过志愿者活动这一事件，如：

El pasado fin de semana, tomé parte en una actividad de la comunidad sobre la prohibición de las bicicletas eléctricas en casa.

上周我参加了一个关于禁止电动自行车进家门的社区活动。

段2：用表达过去的相关时态描述过去所发生的事件，并简要描述做志愿者的具体过程和相关感受，让读者更能真切体会其内容的真实性。并用一些高频短语、从句以及连接词来丰富文章表达。

Hace dos años asistí a...me sentí contento y pronto me di cuenta de que...no era solo...sino también cuando fuera necesario.

段3：写出这段经历给作者带来的正面、积极的影响和深远的意义。

A través de esta experiencia, aprendí a prestar el amor incondicional con la empatía y la responsabilidad a los grupos más débiles de nuestra sociedad.

词汇拓展

colaborar *intr.* 合作
cooperar *intr.* 合作，协作
apoyar *tr.* 帮助
brindar ayuda 提供帮助
prestar ayuda 提供帮助
echar una mano 伸出援手
dar una mano 伸出援手
ofrecer asistencia 提供支持
socorrer *tr.* 援救，救助.
servicio comunitario 社区服务
desarrollo comunitario 社区发展
limpiezas comunitarias 社区打扫
responsabilidad social 社会责任
empatía *f.* 同情心
apoyo a personas con discapacidad 帮助残疾人
voluntariado en hospitales 医院志愿者
trabajo en refugios para personas sin hogar 帮助无家可归的人
organizaciones benéficas 慈善组织
personas mayores 老年人
organizar eventos y actividades 组织活动

句子拓展

1. Cuando te conviertes en voluntario o voluntaria te sientes útil.

当你成为一名志愿者时，你会感到自己是有用的。

2. No es lo mismo aprender de un libro que de la vida real. Cuando haces voluntariado te sumerges en la experiencia y aplicas tus conocimientos y capacidades.

从书本上学习与从现实生活中学习是不同的。当志愿者时，你会沉浸在自己的经历中，并运用你的知识和技能。

3. Convertirse en voluntario/a quiere decir implicarse, sentirse útil, sentirse parte de algo, sentirse necesario. Estos sentimientos mejoran la autoestima y el concepto de uno mismo.

成为一名志愿者意味着参与其中，感觉自己有用，感觉自己是某件事情的一部分，感觉自己被需要。这些感受会提高自尊和自我。

4. Haciendo voluntariado puedes divertirte mucho, disfrutar, pasarlo bien en tu tiempo libre y hacer buenos amigos y amigas.

通过志愿服务，你可以获得很多乐趣，愉悦自己，在空闲时间享受乐趣，并结交好朋友。

5. Mañana mi equipo va a ayudar a los ancianos de la comunidad a hacer un examen físico.

明天我的团队要去帮助小区老年人做体检。

触类旁通

作为高中生，你曾经做过什么兼职或实习？请根据你的实际经历，以“Mi experiencia de hacer prácticas”为题，用西班牙语写一篇短文。

注意：词数90～110个。

二 议论文

文体及写作方法介绍

1. 议论文的定义

议论文指的是对某个问题或某件事进行分析、评论，直接表达作者的观点、立场、态度、看法和主张等的一种文体。议论文应该论点明确、论据充分、语言精炼、论证合理、有严密的逻辑性。

2. 议论文的构成

议论文的结构主要分为以下几个部分：

（1）主题：可以直接在标题中明确说明。

（2）引入：试图吸引读者的注意力，并提出一些支持主要论点的想法。

（3）主要论点：这是文章基本思想的体现。

（4）论据和反面论据：支持主要论点。

（5）结论：作为概括，通过引用主要论点来结束文章。

3. 议论文的写作方法

第一，引入部分：结合高考实际，由于字数限制，建议两三句话内直接点题，引出中心论点，不要过多铺垫。

第二，论据部分可使用的论证方法：

理性论证：通过提出被整个社会普遍接受的观点，使论证不受质疑。例如：每个人都知道，要说好一门语言，你必须很好地了解语法。

演绎论证：从所提出的内容中，可以明显推断出符合论点的结果。例如：高速列车消耗的燃料不如飞机多，却可以搭载相同数量的乘客，因此它作为交通工具更环保。

举例论证：提出一个事例，并将其扩展到一般情况。例如：曾经在医院遇到老人不熟悉线上挂号而错过看诊时间，得出老年人在信息时代遭遇普遍困境的结论。

类比论证：将已知事物与跟它有某些相同点的事物进行类比推理从而证明论点。例如：恰当的赞美就像阳光照耀植物，为孩子的成长提供了养分。

因果论证：通过因果联系证明论点。例如：循环用水有助于节约资源，为环保助力。

引用论证：通过引用权威机构或人士的观点证明文章论点的真实可靠。

对比论证：通过对比两种事物，得出它们之间的差异，从而使结论映衬而出。例如：面对困难，有人选择了放弃，留下了遗憾；有人选择了坚持，收获了彼岸的鲜花。

反向论证：通过论证与论点相反的观点的错误性来间接证明论点的真实性。可以先提出正面观点，再用“否则”，“不然”引导反面论证；或者不阐述观点，直接通过反面论证来推出正面观点，“如果……就不……”，“要是……就没有”。例如：早睡早起是保持健康的重要方式，否则人们将会注意力下降，头晕头痛；人如果不阅读，就会失去表达和写作能力。

第三，议论文的结论（高考作文常见总结方式）：

（1）总结式结论：总结文章的论据，再次强调论点 。

（2）引用式结论：通过引用名言警句，总结中心论点 。

（3）修辞式结论：通过比喻等修辞手法，对文章论点进行提炼总结。

4. 高考西班牙语议论文写作要点

根据2024年高考综合改革适应性测试来看，西班牙语高考全国卷写作的第二节要求是90～110词。为了更好地完成相应的写作任务，我们通常以三段式作文为主。

（1）标题为文章的中心内容，试卷上通常已经给出，照抄即可；如未给出，则需根据主题自拟。

（2）主要用陈述式现在时组织文章，开头就要表明自己清晰的态度。

（3）在列举某事物可能带来的好处/坏处时，可以运用陈述式将来未完成时。

（4）举例子在某一个论据中运用即可，不需要通篇举例子。

（5）虚拟式是作文亮点，建议一篇作文中使用 2—3 次虚拟式。

（6）其他亮点：lo+adj. 形容词名词化；宾语从句、定语从句、主语从句、表语从句、状语从句的熟练运用；como si + 虚拟式过去时的运用；Si + 虚拟式，条件式的句型，表示与事实相反的假设；连接词和过渡句的自然运用使得上下文衔接得当。

5. 高考西班牙语议论文的常见类型及其通用结构句式

议论文为近年高考西班牙语作文中最常见的题型，可以基本分为影响、措施、重要性、二选一、话题分享类（叙议结合）这几个类型。以下为各类型适用的结构和句式（部分句式可通用，后文中不再重复展示）

（1）影响类（2018年高考题 La influencia de la Internet sobre la vida）

①介绍背景，引出话题，点明态度。

en los últimos años　近些年，hoy en día　现如今

en la actualidad　目前，en la era de la información　在信息时代

el rápido desarrollo económico　经济的快速发展

la notable mejora / crecimiento constante del nivel de vida del pueblo　人民生活

水平的显著提高/稳步增长

la tecnología científica avanzada 先进的科学技术

...desempeña un papel cada vez más importante ……扮演着愈发重要的角色

...es una herramienta indispensable de/para hacer algo/algo ……是……不可或缺的工具

... es ampliamente aceptado por la gente ……被人们普遍接受

... es el resultado inevitable del desarrollo social ……是社会发展的必然结果

...ha despertado una amplia atención del público ……引起了民众的广泛关注

②分点论述该事物的影响（积极影响和消极影响），可通过举例论证增加说服力。

ventaja/desventaja 益处/坏处

ha tenido un efecto negativo/positivo en... 对……产生了不利/有利的影响

los beneficios son mucho mayores que las desventajas 利远远大于弊

causar / provocar 导致，引起

③总结论证段，提出态度。(有利有弊，辩证看待，取其精华去其糟粕等)

...es un arma / una espada de doble filo ……是一把双刃剑

...tiene sus propias ventajas y desventajas 有其自身的优缺点

aprovechar las fortalezas y evitar las debilidades 扬长避短

analizar...desde distintos ángulos 从不同角度分析

disfrutar de sus beneficios y al mismo tiempo impedir sus perjuicios 享受好处，同时避免伤害

tomar lo mejor, dejar lo peor 取其精华，取其糟粕

（2）措施类（2021年高考题 Así protejo el medio ambiente）

①引出话题，指出该事物的地位(参见（1）中相关内容)。

②分点论述，措施类注意列点清晰，逻辑通顺，尽量采取总分结构，一句话概括要怎么做，再展开解释具体行为或该措施的作用；也可以写不要做什么，再展开解释这样做的弊端。每个分论点写两至三句话。

③总结全文，重新强调做某事的必要性和重要性，呼吁大家一起行动。

hacer un esfuerzo conjunto 做出共同努力

contribuir a la sociedad 为社会做贡献

las cosas pequeñas también hacen una gran diferencia en nuestra vida 小事造就了生活大不同

Que todos nosotros... 愿我们所有人……

（3）重要性/为何要做（2023年高考题 La importancia de organizar el tiempo）

①引出话题，表达该事物的重要性(参见（1）中相关内容)。

②分点论述该事物的好处（至少三点，如果写不出来则增加反面论证，即没有它会怎么样，或对某一个好处展开详写，进行举例论证)。

③总结前文，重申观点（避免和第一段出现相同句子），根据需要进行适当呼吁、表达祝愿、升华。

（4）二选一（2020年高考题 ¿Qué tipo de libros prefieres: los en papel o los digitales?）

一般不要保持中立态度，不要试图覆盖所有观点。不要说A事物既好又不好，再说B事物既好又不好，这样文章思路显得混乱、杂糅。

①背景引入，表明观点(参见（1）中相关内容)。

②分点说明理由。可分三点，灵活使用分析说理、举例、反面论证等方法阐明选择的理由。

③总结，重申观点。

（5）话题分享类，就某一话题或现象进行探讨（2022年高考题 El placer de compartir）

①提出问题、分析问题、给出建议/表明态度。

En cuanto a... 至于…… con relación a/con respecto a 关于……

②根据话题的不同可大致分为：简单概括陈述现象，分析问题产生的原因；阐述现象的具体表现（分点论述），分析带来的好处/危害；分点说明自己的态度和情感体验，并结合举例论证增加说服力。

③再次点题，表明态度和观点。

议论文话题包罗万象，在此仅做粗略分类。篇幅有限，未能详细讲解的部分将在具体篇目的写作指导中展示。

6. 高考西班牙语议论文写作常见逻辑词组：

西班牙语作文中的逻辑极为重要，基于此，我们对议论文的常见逻辑性连接词组做一个总结：

（1）表开头

para empezar 开始……

como punto de partida 作为开始

al principio 首先

antes que nada 首先

（2）表顺序

primero...segundo...además...por último... 首先……其次……并且……最后……

en primer lugar...en segundo lugar...en último lugar 首先……其次……最后……

por un lado...por otro lado.../ por una parte...por otra parte... 一方面……另一

方面……

mientras tanto　与此同时

(3) 表观点

creo/pienso/opino/considero que...　我认为……

me parece que...　我觉得……

para mí　对我来说

en mi opinión / a mi parecer / a mi juicio / desde mi punto de vista　在我看来

estoy de acuerdo con / a favor de...　我支持、赞同……

no estoy de acuerdo con / en contra...　我反对、不赞同……

(4) 表转折

pero　但是

sin embargo = no obstante　然而

por el contrario = en cambio　相反的是

no...sino...　不是……而是……

(5) 表让步

a pesar de que　虽然

pese a　尽管

aunque　虽然

siempre que　只要

a condición de que　只要

(6) 表递进/过渡

además　此外　de esta manera　这样的话……　hablando de　说到……

(7) 表原因

puesto que = ya que = es que = porque = como　由于；因为

(8) 表解释

es decir = o sea　也就是说

(9) 表强调

en realidad　实际上　de hecho　事实上　lo importante es que　重要的是

hay que tener en cuenta que　要考虑到的是

(10) 表结论

por lo tanto = por eso = por consiguiente=de modo que=así que=en consecuencia　因此

en pocas palabras/en resumen/para resumir/de manera resumida　简而言之

(11) 表总结

en conclusión = en suma = en fin = en total=en resumen=en definitiva　总之

范文1 ¿Por qué debemos ayudarnos mutuamente?

写作背景

我们每个人都不是孤立地生活在世界上，人与人之间总是相互联系、相互依赖、相互帮助。互相帮助不仅让我们获得进步和成长，也是人类社会得以长存的关键。请结合你的生活经历，以“¿Por qué debemos ayudarnos mutuamente?”为题，用西班牙语写一篇短文。

注意：词数90～110个。

范文与译文

¿Por qué debemos ayudarnos mutuamente?

Vivimos en una sociedad interdependiente en la que siempre nos ayudamos mutuamente. Pero ¿por qué debemos hacerlo?

Primero que todo, la ayuda mutua nos permite construir relaciones duraderas con otras personas. De esta manera fortalecemos las conexiones sociales. Además, cuando nos ayudamos mutuamente, podemos ponernos en el lugar de los demás, comprender sus necesidades y dificultades. Esto desarrolla nuestra empatía y nos hace más conscientes de la importancia de echar una mano cuando alguien la necesita. Aparte de eso, al ayudar a otros, transmitimos valores importantes como la generosidad, la bondad y la colaboración. Estos son fundamentales para construir una sociedad más armoniosa.

En conclusión, la ayuda mutua es importante tanto para todos nosotros como para la sociedad. Por tanto, no dudes en ayudar a los demás cuando tengas la oportunidad.

译文

为什么我们要互相帮助？

生活在一个相互依存的社会中，我们总是互相帮助。但为什么我们要这么做呢？

首先，互相帮助使我们能够与他人建立持久的关系，加强社交联系。

此外，当我们互相帮助时，我们能够设身处地为别人着想，了解他们的需要和困难。这能培养我们的同理心，让我们更加意识到当有人需要时伸出援手的重要性。

除此之外，通过帮助他人，我们传递了慷慨、善良和合作等重要的价值观。这些对于构建更加和谐的社会至关重要。

总之，互相帮助对于我们所有人和这个社会都很重要。因此，当有机会时，请毫不犹豫地帮助他人吧。

重点词汇及短语

interdependiente *adj.* 互相依存的
fortalecer *tr.* 加强
empatía *f.* 同理心
echar una mano 伸出援手
valor *m.* 价值
generosidad *f.* 慷慨，大方
colaboración *f.* 合作
armonioso, sa *adj.* 和谐的
duradero, ra *adj.* 持久的
conexión *f.* 联系
consciente *adj.* 有意识的
transmitir *tr.* 传递
precioso, sa *adj.* 宝贵的
bondad *f.* 善良
fundamental *adj.* 至关重要的
conclusión *f.* 结论
de esta manera 就这样/以这种方式
ponerse en el lugar de los demás 设身处地（为他人着想）
ser consciente de 意识到
construir una sociedad armoniosa 构建和谐社会
no dudar en 别犹豫做某事

写作主题

互相帮助、帮助他人。

文章详解

首先通过互助社会的背景引出话题，接着分点论证互相帮助的好处，最后再次强调互相帮助的重要性，并提出倡议。

段1：开门见山，引出主题。可以通过不同角度切入话题，如：

La sociedad es una familia grande en la que no podemos vivir sin la ayuda de los demás.

社会是一个大家庭，我们离不开别人的帮助。

Como animales sociales, la ayuda mutua es la base de nuestra supervivencia y desarrollo.

作为社会性动物，互相帮助是我们生存和发展的基础。

段2：分别从加强社交联系、培养同理心和传递宝贵价值观三个方面阐述互相帮助带来的好处，由个人到社会层面进行层次递进，实际应试写作时可适当删减合并段落。也可将其中一个论据转化为举例论证，如：

Cuando perdí mi cartera en mi primer día de la secundaria, una compañera mía me ayudó a pagar el almuerzo. Compartimos la comida charlando con alegría, ahora ella es mi mejor amiga.

当我上高中第一天就丢失了钱包时，我的一个同学帮我付了午餐费。我们一起吃饭，聊得很开心，现在她是我最好的朋友。

段3：再次强调互相帮助的重要性，呼吁大家在他人有需要时伸出援手。

En conclusión, la ayuda mutua es importante tanto para...como para...Por tanto, no dudes en ayudar a los demás cuando tengas la oportunidad.

词汇拓展

responsabilidad *f.* 责任感

objetivo común 共同目标

estable *adj.* 稳定的

fuerza motriz 驱动力量

recurso *m.* 资源

promover *tr.* 推动

habilidad *f.* 能力

sensación de realización 成就感

red de relaciones sociales 社会关系网

compartir *tr.* 分享，公用

prosperidad *f.* 繁荣

句子拓展

1. En el proceso de ayudarse mutuamente, cultivamos el sentido de responsabilidad y las habilidades de trabajo en equipo.

在互相帮助的过程中，我们培养了责任感与团队合作的能力。

2. Sin embargo, la importancia de ayudarse unos a otros va mucho más allá.

然而，互相帮助的重要性远不止于此。

3. Cuando los miembros de la sociedad se ayudan mutuamente y contribuyen juntos al desarrollo y la prosperidad de la sociedad, esta se volverá más armonioso y estable.

当社会成员互相帮助，共同为社会的发展和繁荣做出贡献时，社会就会变得更加和谐和稳定。

4. La ayuda mutua no solo contribuye a resolver problemas y dificultades personales, sino que también promover la armonía y el progreso social.

互相帮助不仅可以解决个人的问题和困难，还能够促进社会的和谐与进步。

触类旁通

在现代社会中，个人的发展离不开他人的帮助。请结合你的生活经历，以"¿Qué podemos conseguir a través de ayudar a los demás?"为题，用西班牙语写一篇短文。注意：词数90～110个。

范文2 Las cosas pequeñas marcan una gran diferencia

写作背景

在繁忙的日子里我们常常忽视身边许多的小事，认为它们微不足道，却不知涓涓细流汇成大海，颗颗土粒堆成高山。小事成就大不同！请结合你的生活经历，以“Las cosas pequeñas marcan una gran diferencia”为题，用西班牙语写一篇短文。

注意：词数90～110个。

范文与译文

Las cosas pequeñas marcan una gran diferencia

Siempre queremos cosas más grandes y atractivas, pero en realidad las cosas pequeñas también suponen una gran diferencia en nuestra vida.

Por ejemplo, no podemos pasar por alto las pequeñas cosas que nos brindan alegría y felicidad. Una mariposa hermosa, un plato delicioso o un paseo con la familia pueden hacernos sentir el valor de la vida. Además, en las relaciones interpersonales, una sonrisa, una carta escrita a mano, un regalo pequeño e incluso un elogio sincero pueden crear un ambiente de amistad y amor. Y, para proteger el medio ambiente, las pequeñas acciones como reducir el uso del plástico o reciclar los residuos también traen grandes resultados.

En resumen, si valoramos las pequeñas cosas, descubriremos que son ellas las que marcan una gran diferencia.

译文

小事成就大不同

我们总是喜欢更大更吸引人的东西，但实际上那些小事也会对我们的生活产生很大的影响。

例如，我们不能忽视给我们带来快乐和幸福的小事。一只美丽的蝴蝶，一道美味的菜肴或与家人的一次散步，都能让我们感受到生命的价值。

此外，在人际关系中，一个微笑、一封手写的信、一份小礼物甚至一声真诚的赞美，都能营造出友爱的氛围。为了保护环境，减少塑料使用或回收废物等小小的行为也会带来巨大的效果。

简而言之，如果我们重视那些小事，我们就会发现正是它们造就了大不同。

重点词汇及短语

atractivo, va *adj.* 有吸引力的	pasar por alto 忽视
brindar *tr.* 提供	mariposa *f.* 蝴蝶
interpersonal *adj.* 人与人之间的	escrito a mano 手写的
elegio *m.* 称赞	plástico, ca *m./adj.* 塑料；塑料的
reciclar *tr.* 回收	residuo *m.* 垃圾，废弃物
valor de vida 生命的价值	son ellas las que… 正是

写作主题

小事成就大事，细节的重要性等。

文章详解

首先开门见山下结论，点出主题；然后从不同角度举例证明小事所带来的大不同；最后强调观点，重申主题。

段1：开门见山，直接点出话题。

En realidad las cosas pequeñas también marcan una gran diferencia en nuestra vida.

段2：分别从生活中带来幸福的小事、促进社交关系的小细节和细小行为助力环保三个方面展开阐述小事所成就的大不同，也可根据自己的实际经验，运用其他生活事例证明观点。如：

Cada vez que hago los exámenes, reviso las respuestas con atención para evitar errores innecesarios y superar todas las pruebas.

我每次考试的时候，都会仔细检查答案，以避免不必要的错误并通过测试。

段3：再次强调重视小事会带来很大的不同。

词汇拓展

darse cuenta de 发现	comportamiento *m.* 行为
hábito *m.* 习惯	con eficiencia 有效率地
inesperado, da *adj.* 意想不到的	cambio ambiental 环境变化
contaminación *f.* 污染	emisión de carbono 碳排放

consumo	*m.*	消费	energía	*f.*	能源
popularidad	*f.*	普及			

句子拓展

1. El mar es vasto, ya que no rechaza las gotas de agua.

海不辞细流，故能成其深。

2. Un viaje de mil millas comienza con un solo paso.

千里之行，始于足下。

3. El éxito o el fracaso a menudo depende de los hábitos diarios.

成功或失败常常取决于日常习惯。

4. Con la popularidad de las redes sociales, las publicaciones de las personas ordinarias también pueden atraer rápidamente la atención social.

随着社交网络的普及，普通人的帖子也能迅速引起社会关注。

触类旁通

古人云："天下大事，必做于细。"每份得来不易的成功都是由无数细节组成的。请结合你的生活经历，以"Los detalles determinan el éxito o el fracaso"为题，用西班牙语写一篇短文。

注意：词数90～110个。

范文3 La unidad garantiza la victoria

写作背景

“单丝不成线，独木不成林”古人用他们的智慧告诉我们“团结”二字的力量。的确，一个人只有在集体中才能更好地实现自我的梦想和价值，也更容易获得成功。请结合你的生活经历，以“La unidad garantiza la victoria”为题，用西班牙语写一篇短文。

注意：词数90～110个。

范文与译文

La unidad garantiza la victoria

“La unidad garantiza la victoria”. Esta famosa frase de Winston Churchill significa que, cuando las personas se unen y trabajan juntas hacia un objetivo común, tienen más posibilidades de alcanzar el éxito.

Por un lado, los miembros del grupo comparten sus habilidades y perspectivas. De esta manera ellos pueden encontrar soluciones fácilmente y lograr sus objetivos con éxito.

Por otro lado, la unidad crea un ambiente de confianza y armonía. Tanto en los momentos buenos como en los malos, las personas unidas pueden esforzarse de manera conjunta y ofrecerse apoyo emocional para superar las dificultades.

En definitiva, la unidad siempre ha sido un factor clave que garantiza el logro de la victoria.

译文

团结保证胜利

“团结保证胜利”，这句温斯顿·丘吉尔的名言意味着，当人们团结在一起，为一个共同的目标一起努力时，他们就有更多取得成功的可能性。

一方面，团队的成员分享他们的能力和观点。通过这种方式，他们可以更容易地找到解决方案并取得成功。

另一方面，团结创造了信任与和谐的氛围。无论顺境或是逆境，团结的人们可以一起努力，互相提供情感支持，克服困难。

总之，团结始终是保证取得胜利的关键因素。

重点词汇及短语

unirse *prnl.* 团结
habilidad *f.* 能力
confianza *f.* 信任
esforzarse *prnl.* 努力
factor *m.* 因素
objetivo *m.* 目标
perspectiva *f.* 观点
armonía *f.* 和谐
emocional *adj.* 情绪的
tener más posibilidades de 有更大的可能性做某事
tanto en las buenas como en las malas 无论顺境还是逆境

写作主题

团结的力量，集体合作的价值等。

文章详解

首先引用名言点题；然后从两个方面论述团结合作的积极影响，证明其对成功起到的作用；最后强调观点，重申主题。

段1：引用丘吉尔名言点出话题，解释“团结保证胜利”的基本内涵。也可直接引出话题下结论，如：

Desde la antigüedad hasta hoy, la unidad es un factor importante que puede contribuir al éxito de un grupo o una organización.

从古至今，团结都是有助于一个团体成功的重要因素。

段2～3：分别从团队成员合作共赢、团结有助于克服困难两个方面论证团结对成功的决定性作用。也可从社会层面进行阐述，如：

Hoy en día, con el desarrollo de la ciencia y la tecnología, la división de trabajo se ha vuelto más refinada, lo que significa que el éxito de una tarea es inevitablemente el resultado de esfuerzos concertados.

在科学技术发展的今天，劳动分工更加精细化，这意味着一项任务的成功必然是齐心协力的结果。

段4：总结点题，再次强调团结保证胜利这一论点的正确性。

词汇拓展

refinado, da *adj.* 精细的
división de trabajo 劳动分工

concertado, da	*adj.*	一致的，协调的	inspirarse	*prnl.*	受到启发，获得灵感
combinar	*tr.*	使联合，使协调	significativo, va	*adj.*	重要的，有意义的
efectivo, va	*adj.*	有效的	productividad	*f.*	生产力

句子拓展

1. En el grupo, nos inspiramos y nos ayudamos mutuamente para mejorar nuestras habilidades de resolver los problemas.

在团队中，我们互相启发、互相帮助，提升解决问题的能力。

2. Cuando las personas trabajan juntas hacia un objetivo común, pueden combinar sus habilidades para lograr resultados significativos.

当人们朝着一个共同的目标共同努力时，他们可以协调各自的技能来取得有意义的成果。

3. La unidad fomenta la comunicación efectiva y la cooperación, lo que a su vez aumenta la eficiencia y la productividad.

团结促进有效的沟通与合作，从而提高效率和生产力。

触类旁通

从小到大，我们都在不同的集体中成长。独木难支，合抱成林。众人合力的能量是无限的。请结合你的生活经历，以“La unión hace la fuerza”为题，用西班牙语写一篇短文。

注意：词数90～110个。

范文4 ¿Por qué es importante la inteligencia artificial?

写作背景

随着时代的进步、科技的发展，人工智能已经以各种各样的形式出现在我们的生活中，比如微信支付、互联网交互系统等，我们也越来越离不开它。请结合你的生活经历，以“¿Por qué es importante la inteligencia artificial?”为题，用西班牙语写一篇短文。

注意：词数90～110个。

范文与译文

¿Por qué es importante la inteligencia artificial?

Con el avance de la tecnología, la inteligencia artificial (IA) desempeña un papel cada día más importante en la vida humana. Pero ¿por qué?

Primero, la IA facilita nuestra vida. Los algoritmos comprenden nuestras preferencias y nos proporcionan contenido y recomendaciones personalizadas. Segundo, la IA mejora la eficiencia y reduce los costos de mano de obra debido a que puede realizar tareas repetitivas y peligrosas de manera más rápida y precisa. Tercero, la IA tiene la capacidad de analizar grandes cantidades de datos y extraer información significativa de ellos. Por ejemplo, en el campo de la medicina, la IA puede ayudar a identificar enfermedades y sugerir diagnósticos más precisos.

En general, la inteligencia artificial es una herramienta valiosa en una variedad de campos. Tenemos que seguir explorándola para encontrar más posibilidades.

译文

为什么人工智能很重要？

随着技术的进步，人工智能（AI）在人类生活中扮演着越来越重要的角色。但这是为什么呢？

首先，人工智能让我们的生活更轻松。算法了解我们的偏好，并为我们提供个性化的内容和建议。

其次，人工智能提高了效率并降低了劳动力成本，因为它可以更快、更准确地执行重复和危险的任务。

第三，人工智能有能力分析大量数据并从中提取有意义的信息。例如，在医疗领域，人工智能可以帮助识别疾病并提出更准确的诊断。

总体而言，人工智能是各个领域的宝贵工具。我们要继续探索它，以求发现更多的可能性。

重点词汇及短语

desempeñar *tr.* 扮演	algoritmo *m.* 算法
preferencia *f.* 偏好	proporcionar *tr.* 提供
contenido *m.* 内容	personalizado, da *adj.* 个性化的
eficiencia *f.* 效率	mano de obra 劳动力
repetitivo, va *adj.* 重复的	capacidad *f.* 能力
analizar *tr.* 分析	extraer *tr.* 提取
identificar *tr.* 识别	sugerir *tr.* 提出，提议
diagnóstico *m.* 诊断	herramienta *f.* 工具
explorar *tr.* 探索	

desempeñar un papel importante en 在……中扮演重要角色

tener la capacidad de 有……的能力

写作主题

人工智能的应用、人工智能给生活带来的影响等。

文章详解

首先开门见山下结论，点出主题；然后从三个方面论证人工智能给生活带来的便利；最后强调观点，重申主题。

段1：开门见山，直接指出人工智能对我们的重要性，并以疑问句引出下文对原因的解释。

La inteligencia artificial (IA) desempeña un papel cada día más importante...Pero ¿por qué?

段2：分别从算法精准推荐、提高效率、大数据分析这三个方面展开论证人工智能在当今时代的重要性。如：

La IA libera a las personas de tareas repetitivas y les permite enfocarse en actividades más creativas.

人工智能将人们从重复性任务中解放出来，使他们能够专注于更具创造性的活动。

段3：再次强调人工智能的重要性，并提出继续探索的展望。

La inteligencia artificial es una herramienta valiosa en una variedad de campos. Tenemos que seguir explorándola para encontrar más posibilidades.

词汇拓展

enfocarse en 专注于	generar *tr.* 发生，产生
retroalimentación *f.* 反馈	instantáneo, nea *adj.* 即时的，立刻的
material *m.* 材料	adicional *adj.* 补充的，附加的
en conjunto 在整体上	automatización de tarea 任务自动化
tratamiento *m.* 治疗方法	datos clínicos 临床数据
personalizar *tr.* 个性化，定制化	

句子拓展

1. A medida que la tecnología avanza, la inteligencia artificial genera diversos cambios en nuestra sociedad.

随着技术的进步，人工智能给我们的社会带来了各种变化。

2. En el campo de la enseñanza, la IA puede proporcionar retroalimentación instantánea y materiales adicionales para mejorar el proceso de aprendizaje.

在教育领域，人工智能可以提供即时反馈和补充材料以改进学习过程。

3. Es fundamental seguir explorando la IA para asegurar que se utilice de manera responsable y beneficie a la sociedad en su conjunto.

我们必须继续探索人工智能，以确保能够负责任地使用它并造福整个社会。

触类旁通

随着技术的迅猛发展，人工智能无时无刻不影响着我们的生活。请结合你的生活经历，以“Los cambios que puede traer la inteligencia artificial”为题，用西班牙语写一篇短文。

注意：词数90～110个。

范文5 La importancia de leer

写作背景

古人云："书犹药也，善读可以医愚。"高尔基也曾说过"书籍是人类进步的阶梯"。阅读使我们增长见识和增加学识，让我们终身受益。请结合你的生活经历，以"La importancia de leer"为题，用西班牙语写一篇短文。

注意：词数90～110个。

范文与译文

La importancia de leer

"Mi salvación fue leer". Como ha dicho Vargas Llosa, la lectura es una actividad importante en nuestra vida.

En primer lugar, a través de los libros, conseguimos información y conocimientos que no podemos obtener directamente para ampliar nuestro horizonte y contribuir al desarrollo social con lo que hemos aprendido. En segundo lugar, la lectura nos ofrece diferentes puntos de vista, lo que nos ayuda a pensar desde distintos ángulos y tomar decisiones correctas. En tercer lugar, leer es beneficioso para la salud mental. Por ejemplo, cuando estamos nerviosos o tristes, los buenos libros pueden reducirnos el estrés y la ansiedad.

En resumen, la lectura es de gran importancia, por lo que todos debemos cultivar el buen hábito de leer.

译文

阅读的重要性

正如巴尔加斯·略萨所说，"我的救赎是阅读"，阅读是我们生活中的一项重要活动。

首先，通过书籍，我们获取了那些无法直接获得的信息和知识，并以此拓宽视野，运用自己所学为社会发展做出贡献。

其次，阅读给我们提供了不同的观点，这有助于我们从不同的角度思考，做出正确的决定。

第三，阅读有益于心理健康。例如，当我们紧张或悲伤时，好书可以减轻我们的压力和焦虑。

简而言之，阅读非常重要。所以我们都应该培养阅读的好习惯。

重点词汇及短语

salvación *f.* 救赎
proceso *m.* 过程
horizonte *m.* 眼界
contribuir *intr.* 促进，作贡献
punto de vista 观点
ángulo *m.* 角度
estrés *m.* 压力
ansiedad *f.* 焦虑
cultivar *tr.* 培养
ampliar horizonte 开拓眼界
pensar desde distintos ángulos 从不同角度思考
reducir el estrés y la ansiedad 减轻压力和焦虑

写作主题

阅读的重要性、阅读的好处等。

文章详解

首先引用名言，点明阅读在生活中的重要地位，然后分点总结阅读带给我们的益处，最后总结呼吁养成阅读的好习惯。

段1：通过略萨的名言引出阅读的重要性，直接点题，通过确认阅读于我们的重要性来自然引出阅读的好处，从而证明其重要性。可运用多种句式进行表达。如：

La lectura forma parte importante/indispensable de nuestra vida.

阅读是我们生活中重要的/不可或缺的一部分。

La lectura desempeña un papel de gran importancia en nuestra vida.

阅读在我们的生活中扮演了十分重要的角色。

段2：分别从获取知识、提供不同思考角度、有益身心健康三个方面阐述阅读带来的益处，由浅入深进行层次递进，实际应试写作时可适当删减合并段落。也可增加反面例证丰富文章内容。如：

Si no leemos libros, nos costará desarrollar la creatividad y la imaginación porque la lectura requiere que pensemos y construyamos escenas en el cerebro.

如果不读书，我们将很难发展创造力和想象力，因为阅读需要我们在大脑中思考和构建场景。

段3：再次强调阅读的重要性，呼吁大家养成阅读的好习惯。

词汇拓展

libro de texto 教科书	novela *f.* 小说
poema *m.* 诗歌	cuento de hadas 童话
biografía *f.* 传记	ciencia *f.* 科学
arte *m.* 艺术	historia *f.* 历史
cultura *f.* 文化	literatura *f.* 文学
cerebro *m.* 大脑	estimulación *f.* 刺激
inteligencia *f.* 智力	creatividad *f.* 创造力
imaginación *f.* 想象力	comprensión *f.* 理解力
emoción *f.* 情感	curiosidad *f.* 好奇心
paciencia *f.* 耐心	autoaprendizaje *m.* 自主学习

句子拓展

1. Las personas a las que les gusta leer tienen la capacidad de reflexionar.
喜欢阅读的人拥有反思能力。

2. Cuando estás confundido, la lectura puede indicarte el camino.
当你迷茫困惑时，读书能为你指明方向。

3. Si pasas tiempo libre leyendo, el mundo maravilloso en el libro te ayudará a resistir la soledad.
如果你将闲暇时间用来阅读，书中的美丽世界会帮助你抵御孤独。

4. Leer un buen libro es como tener un buen amigo.
读一本好书如同拥有一位益友。

触类旁通

俗话说，“读万卷书，行万里路。”阅读是文明社会中每个人的必修课。请结合你的生活经历，以“¿Por qué es importante la lectura?”为题，用西班牙语写一篇短文。

注意：词数90～110个。

范文6 La importancia de convivir con otros

写作背景

人与人和谐相处不仅是一门学问，更是社会文明的一个重要标志。只有人与人之间和谐相处，我们的生活才会更加多姿多彩。请结合你的生活经历，以“La importancia de convivir con otros”为题，用西班牙语写一篇短文。

注意：词数90～110个。

范文与译文

La importancia de convivir con otros

En la sociedad moderna, nadie puede vivir sin tratar con los demás. Por eso, la convivencia es muy importante en nuestra vida diaria.

En primer lugar, la convivencia nos permite practicar y mejorar nuestras habilidades sociales, como la empatía y la comunicación efectiva. En segundo lugar, al convivir con otras personas, tenemos la oportunidad de aprender de sus conocimientos y experiencias. Esto nos ayuda a adquirir nuevas habilidades y formular una visión del mundo más abierta.En tercer lugar, escuchar las diferentes opiniones de los demás y respetar la diversidad contribuye a construir una sociedad más inclusiva.

En una palabra, convivir es de mucha importancia. Debemos aprender a respetar a los demás y trabajar juntos para lograr una sociedad armoniosa.

译文

和谐相处的重要性

在现代社会，没有人可以不和其他人打交道。因此，和谐相处在我们的日常生活中是非常重要的。

首先，共同生活让我们能够练习和提高社交技能，例如培养同理心和进行有效的沟通。其次，在与他人共处时，我们有机会从他们的知识和经验中学到东西。这帮助我们获得新技能并形成更开放的世界观。最后，倾听他人的不同意见，尊重多样性，有助于建设更加包容的社会。

总之，和谐相处是十分重要的。我们必须学会尊重他人，为和谐社会共同努力。

重点词汇及短语

convivencia *f.* 和睦相处	formular *tr.* 形成
visión del mundo 世界观	respetar *tr.* 尊重
inclusivo, va *adj.* 包容的	visión del mundo 世界观

写作主题

和谐相处的重要性，友谊的价值等。

文章详解

首先从社会背景引入，点出主题；然后从不同角度论证和谐相处带来的益处；最后强调观点，重申主题。

段1：从社会中人们相互依存这个大背景引入，直接点出和谐相处的重要性。也可运用其他表达方式，如：La sociedad es una familia grande en la que no podemos vivir sin tratar con los demás.

社会是个大家庭，我们不能不与人交往。

段2：分别从锻炼社交技能、学习他人经验和构建包容社会三个方面展开对和谐相处重要性的论证，从个人到社会层面递进。也可从人类与自然的角度进行论证，如：

Además, el agua, el aire y los alimentos en la naturaleza son recursos y condiciones de los que los seres humanos deben depender. La convivencia armoniosa entre el hombre y la naturaleza implica no solo la estabilidad y la salud del ecosistema, sino también la supervivencia y el desarrollo de los seres humanos.

此外，自然界中的水、空气和食物是人类必须依赖的资源和条件，人与自然和谐共处不仅意味着生态系统的稳定和健康，还意味着人类的生存和发展。

段3：再次强调和谐相处的重要性，并发出尊重他人构建和谐社会的倡议。

词汇拓展

interacción *f.* 互动	físico, ca *adj.* 身体的
mental *adj.* 心理的	sentido de pertenencia 归属感
lazo *m.* 关系，联系	estabilidad *f.* 稳定性
ecosistema *m.* 生态系统	supervivencia *f.* 生存

句子拓展

1. Convivir es fundamental para la construcción de relaciones sólidas, la paz y el desarrollo humano.

和谐相处是建立牢固关系、实现和平与人类发展的基础。

2. La convivencia armoniosa crea un sentido de pertenencia y fortalece los lazos sociales, lo que ayuda a generar un ambiente más seguro y armonioso para todos.

（人与人的）和谐共处创造了归属感并加强了社会联系。这有助于为所有人创造一个更安全、更和谐的环境。

3. La convivencia contribuye a una mejor calidad de vida porque las interacciones sociales positivas y el apoyo emocional es favorable a la salud física y mental.

和谐相处有助于提高生活质量，因为积极的社交互动和情感支持有利于身心健康。

4. La convivencia nos brinda la oportunidad de aprender, crecer, ayudarnos mutuamente y construir un mundo más inclusivo y armonioso.

和谐相处让我们有机会学习、成长、互相帮助，并建设一个更加包容和谐的世界。

触类旁通

写日记是树立人生理想、砥砺自我意志的重要方法。在日记中，我们不仅可以进行自我反省，也可以记录美好的故事。请结合你的生活经历，以“La importancia de escribir diarios”为题，用 西班牙语写一篇短文。

注意：词数90～110个。

范文7 ¿Qué te parecen las redes sociales?

写作背景

社交网络是人类进步的体现，也是我们当下流行的交往方式。有人认为它造福于人类，但也有人认为它毁掉了我们。那么，我们应该如何看待社交网络呢？请结合你的生活经历，以“¿Qué te parecen las redes sociales?”为题，用西班牙语写一篇短文。

注意：词数90～110个。

范文与译文

¿Qué te parecen las redes sociales?

En la era de la información, las redes sociales se han convertido en una parte indispensable de la vida cotidiana. Creo que sus beneficios son indiscutibles, pero también nos presentan algunos inconvenientes.

Por un lado, las redes sociales nos ayudan a estar en contacto con nuestros amigos y familiares a pesar de que están lejos. Además, aplicaciones como WeChat y Weibo nos permiten compartir opiniones en tiempo real.

Por otro lado, existe el riesgo de que nuestra información personal caiga en manos mal intencionadas. Aparte de eso, como la gente siempre publica lo mejor de su vida, la comparación constante puede ser perjudicial para la salud mental.

En conclusión, las redes sociales son un arma de doble filo. Si las utilizamos con cuidado, resultará una herramienta muy útil.

译文

你如何看待社交网络？

在信息时代，社交网络已成为日常生活必不可少的一部分。我认为，它的好处是毋庸置疑的，但它们也给我们带来了一些弊端。

一方面，社交网络帮助我们与朋友和家人保持联系，即使他们在很远的地方。此外，像微信和微博这样的软件使我们能够实时分享意见。

另一方面，我们的个人信息可能会落入坏人之手。除此之外，由于人们总是发布他们生活中最好的一面，持续性的比较会对心理健康产生负面影响。

总之，社交网络是一把双刃剑。如果我们谨慎使用它们，它可以是一件非常有用的工具。

重点词汇及短语

indispensable *adj.* 必不可少的	cotidiano, na *adj.* 日常的
beneficio *m.* 好处	indiscutible *adj.* 毋庸置疑的
inconveniente *m.* 不利，弊端	facilitar *tr.* 使容易
comunicarse *prnl.* 交流	en tiempo real 实时
riesgo *m.* 风险	intencionado, da *adj.* 故意的
comparación *f.* 比较	constante *adj.* 持续的
arma de doble filo 双刃剑	punto de vista 观点
en la era de la información 在信息时代	
estar en contacto con 与……保持联系	

写作主题

社交网络的影响、对社交网络的看法等。

文章详解

首先点明社交网络在生活中的重要地位。然后分点论述社交网络的好处与弊端，最后总结应妥善利用。

段1：开门见山，直接说明社交网络在生活中必不可少，表达其有利有弊的个人观点，引出下文。

段2～3：从正反两个方向进行论证，分别从无障碍沟通、实时分享、个人信息泄露和过度比较四个角度切入，深入论证社交网络的利弊。如：

A través de las redes sociales, tenemos acceso inmediato a una gran cantidad de información. Podemos mantenernos actualizados sobre noticias y eventos.

通过社交网络，我们可以立即获取大量信息。我们可以及时了解最新的新闻和事件。

Las redes sociales también pueden tener un impacto positivo en la vida profesional. No solo permiten a la gente conectar con profesionales, sino también la ayudan a buscar empleo y promover habilidades.

社交媒体也可以对职业生活产生积极影响。它不仅能够使人们和专业人士建立联系，还能帮助人们寻找就业机会、提升技能。

段4：重申社交媒体作为交流工具的两面性，同时强调需要正确利用这一工具。

词汇拓展

tener acceso a 可获取，可接触到	actualizado, da *adj.* 已更新的
al instante 立刻，立即	baja autoestima 低自尊，自卑
falta de concentración 注意力不集中	ser adicto a 对……上瘾
impacto *m.* 影响	juicio subjetivo 主观判断

句子拓展

1. Las redes sociales han tenido un impacto significativo en nuestra vida diaria. Han cambiado la forma en que nos comunicamos e interactuamos con los demás.

社交网络对我们的日常生活产生了重大影响。它们改变了我们沟通及与他人互动的方式。

2. Podemos enviar mensajes, realizar videollamadas, compartir fotos y videos al instante, lo que facilita la comunicación en tiempo real.

我们可以即时发送消息、进行视频通话、分享照片和视频，轻松实现实时沟通。

3. Sin embargo, también debemos ser conscientes de que no toda la información en las redes sociales es precisa o confiable.

然而，我们还必须意识到社交网络上的信息并非所有都是准确或可靠的。

4. La comparación constante con los demás y la exposición al contenido negativo pueden producir el estrés, la ansiedad y la baja autoestima.

不断与他人比较和接触负面内容会产生压力、焦虑和自卑。

触类旁通

随着网络的不断普及，社交网络将触手伸向了生活的各个角落。请结合你的生活经历，以“¿Cómo afectan nuestra vida las redes sociales?”为题，用西班牙语写一篇短文。

注意：词数90～110个。

范文8 Las personas mayores en la era de la información

写作背景

信息时代日新月异。虽然我们早已对“电脑”“移动支付”“人脸识别”等习以为常，但处在信息时代的老人们却面临着不小的挑战。请结合你的生活经历，以“Las personas mayores en la era de la información”为题，用西班牙语写一篇短文。

注意：词数90～110个。

范文与译文

Las personas mayores en la era de la información

Hoy en día, vivimos en la era de la información, en la que los dispositivos móviles como smartphones nos sirven de mucho. Es beneficioso para los jóvenes, sin embargo, los mayores encuentran algunos problemas.

Primero que todo, a los ancianos les cuesta mucho aprender a utilizar las nuevas tecnologías. Ellos siempre se sienten confundidos al usar las aplicaciones para pedir citas médicas, hacer compras en línea, trámites bancarios, etc.

Además, como tienen dificultades para distinguir la información fiable de la engañosa, los mayores pueden ser más vulnerables a estafas, robos de identidad y otros delitos cibernéticos.

Para los mayores, la era de la información está llena de dificultades y desafíos. Por eso, es importante ofrecerles ayuda para que ellos disfruten de la comodidad de la nueva época.

译文

信息时代的老人

今天，我们生活在信息时代，智能手机等移动设备对我们来说很有用。这对年轻人来说是有利的，但是，老年人会遇到一些问题。

首先，老年人很难学会如何使用新技术。在使用应用程序进行医疗预约、在线购物、办理银行手续时，他们总是感到困惑。

此外，由于他们难以区分可靠的信息和欺骗性信息，老年人可能更容易受到诈骗、身份盗用和其他网络犯罪的影响。

对于老年人来说，信息时代充满了困难和挑战。因此，向他们提供帮助非常重要，以便他们享受到新时代的便利。

重点词汇及短语

dispositivo *m.* 装置，设备	rutinario, ria *adj.* 常规的
ritmo *m.* 节奏，速度	aplicación *f.* 应用程序
trámite *m.* 手续	bancario, ria *adj.* 银行的
fiable *adj.* 可信赖的	engañoso, sa *adj.* 骗人的
vulnerable *adj.* 易受伤害的	estafa *f.* 诈骗
identidad *f.* 身份	delito cibernético 网络犯罪
desafío *m.* 挑战	comodidad *f.* 舒适，便利

写作主题

跟不上信息化快速发展的老年人、网络信息时代中不同年龄层次人群的境遇问题。

文章详解

首先交代话题背景，引出所要探讨的问题，然后分点论述老年人所面对的困难，最后总结呼吁。

段1：开门见山，先肯定信息技术发展给年轻人带来的便利，再指出老人的境遇并非如此，自然过渡到下文。也可以使用其他类似句子，如：

Con el avance de la tecnología, el Internet se ha convertido en una parte indispensable de nuestra vida. Sin embargo, para los mayores, la comodidad del Internet no les brinda la alegría y la satisfacción que esperan.

随着科技的进步，互联网已经成为我们生活中不可或缺的一部分。然而，对于老年人来说，网络的便捷并没有带来他们所期待的快乐和满足。

段2～3：分别从老人难以学会各种电子设备的操作和容易遭到诈骗等两个角度论述老人在信息时代所遭遇的主要问题。也可从其他角度切入，如：

Muchos sitios web y aplicaciones no están diseñados considerando las necesidades de los ancianos. Las páginas complejas y la falta de un modo fácil pueden dificultar su uso para las personas mayores.

许多网站和应用程序在设计时并未考虑到老年人的需求。复杂的页面和简易模式的缺乏可能会让老年人难以使用。

段4：总结强调老人遇到的问题，呼吁对他们进行帮助。

词汇拓展

aplicación de redes sociales		社交软件	excluido, da	*adj.*	排除在外的
aislamiento	*m.*	孤立	rumor	*m.*	传闻,谣言

句子拓展

1. La popularidad del Internet ha cambiado la forma en que las personas se comunican. Sin embargo, para los ancianos, este cambio no trae comodidad, sino problemas. Muchas personas mayores se sienten solas porque no saben cómo usar aplicaciones de redes sociales para mantenerse en contacto con sus familiares y amigos.

互联网的普及改变了人们的社交方式。然而，对老年人来说，这种变化带来的并不是便利，而是困扰。许多老人因为不会使用社交软件来与亲人朋友保持联系而感到孤独。

2. Los ancianos pueden sentirse excluidos socialmente si no tienen acceso a estas redes sociales o no saben cómo utilizarlas.

如果老年人无法访问这些社交平台或不知道如何使用它们，他们可能会感到被社会排斥。

3. Estos problemas pueden ser resueltos mediante la educación en tecnología para los ancianos y un diseño inclusivo en las aplicaciones.

这些问题可以通过针对老年人的技术教育和应用程序上更具包容性的设计来解决。

触类旁通

智能手机等电子产品方便生活的同时也给尚未发育完全的儿童带来了一些不容忽视的问题。请结合你的生活经历，以“Los problemas que encuentran los niños ante los productos electrónicos”为题，用西班牙语写一篇短文。

注意：词数90～110个。

范文9 ¿Es necesario prohibir el uso del móvil en la escuela?

写作背景

当今世界，随着科技的迅猛发展，无论是在我们的日常生活中，还是在工作和学习中，手机都扮演着越来越重要的角色。手机进校园一直是一个有争议的话题。请结合你的生活经历，以“¿Es necesario prohibir el uso del móvil en la escuela?”为题，用西班牙语写一篇短文。

注意：词数90～110个。

范文与译文

¿Es necesario prohibir el uso del móvil en la escuela?

En la actualidad, el uso del móvil es cada día más común entre los adolescentes. Pero, en cuanto a su uso en la escuela, creo que es necesario prohibirlo.

Por un lado, los móviles distraen a los estudiantes de su aprendizaje, ya que ellos siempre utilizan aplicaciones que no están relacionadas con el estudio. Además, el uso excesivo de los móviles puede causar problemas de salud, como la miopía y la falta de sueño.

Por otro lado, hay quienes defienden que los móviles son útiles para buscar información y recursos educativos. Pero no creo que sean tan irreemplazables porque los estudiantes pueden usar el ordenador en el aula o acudir a los profesores.

En resumen, me parece que es inevitable prohibir el uso del móvil en la escuela.

译文

有必要在学校禁止使用手机吗？

目前，手机的使用在青少年中越来越普遍。但至于它在校园内的使用，我认为应该禁止。

一方面，手机会分散学生的学习注意力，因为他们总是使用与学习无关的应用程序。此外，过度使用手机会导致健康问题，例如近视和睡眠不足。

另一方面，有些人认为手机对于搜索信息和教育资源很有用，但我认为它们并不是那么的不可替代，因为学生可以在教室里使用计算机或向老师求助。

总之，在我看来，禁止在学校使用手机是必须的。

重点词汇及短语

adolescente	*adj.-s*	青年的；青少年	distraer	*tr.*	使分心
aprendizaje	*m.*	学习	ambiente	*m.*	气氛
centrado, da	*adj.*	集中的	aumentar	*tr.*	提高
rendimiento	*m.*	收益，效率	académico, ca	*adj.*	学业的
excesivo, va	*adj.*	过度的	miopía	*f.*	近视
recurso	*m.*	资源	educativo, va	*adj.*	教育的
insustituible	*adj.*	不可替代的	inevitable	*adj.*	必然的

写作主题

校园内的电子产品使用问题。

文章详解

首先点出主题，表明个人看法；然后从两个方面提出论据佐证观点；最后再次强调观点。

段1：点出手机在青少年当中愈发普及化的事实，直接表明应该禁止校园内使用手机的观点。也可以采用不同句式切入主题，如：

La pregunta de si es necesario prohibir el uso de teléfonos móviles en las escuelas es un tema debatido ampliamente. En mi opinión, la respuesta es sí.

是否有必要禁止在学校使用手机的问题是一个广泛争论的话题。在我看来，答案是肯定的。

段2～3：从手机分散学生的注意力、影响学生健康这两个角度论证禁止使用手机的必要性，同时反驳需要使用手机查阅资料的说法，并提出替代性措施。也可以从其他角度论证在校使用手机的危害，如：

El uso del móvil en la escuela hace que los estudiantes sean más vulnerables al ciberacoso y a la información dañina.

在学校使用手机使学生更易受到网络欺凌和有害信息的影响。

段4：再次强调应该禁止在校园内使用手机的个人观点。

词汇拓展

disciplina	*f.*	纪律	autocontrol	*m.*	自我控制

fomentar *tr.* 促进	concentrado, da *adj.* 集中的
interrumpir *tr.* 中断，打断	a largo plazo 长期
desperdiciar *tr.* 浪费，挥霍	presión académica 学业压力
trastornos del sueño 睡眠障碍	

句子拓展

1. Creo que prohibir el uso del móvil en la escuela fomenta un ambiente de aprendizaje más concentrado en el que los estudiantes pueden prestar más atención a las clases.

我认为禁止在学校使用手机可以营造更专注的学习环境，让学生能够更加专注于课堂。

2. Según los informes de investigación, cuando nos interrumpe un teléfono móvil, tardamos unos veinte minutos en volver a concentrarnos. La adicción a largo plazo al uso del móvil no solo desperdicia mucho tiempo de aprendizaje, sino que también puede conducir al aumento de la presión académica.

根据研究报告，当被手机打断思路时，我们需要大约二十分钟才能重新集中注意力。长期沉迷于手机使用不仅浪费大量学习时间，还会导致学业压力增加。

3. El uso prolongado de teléfonos móviles también puede provocar problemas como trastornos del sueño, dificultad para concentrarse, y disminución de las habilidades sociales.

长时间使用手机还会导致睡眠障碍、注意力不集中、社交能力下降等问题。

触类旁通

如今，学生拥有智能手机等电子产品已经成为司空见惯的现象，但对于是否应该在校园内使用却引发了广泛讨论。请结合你的生活经历，以“¿Qué opinas del uso de los productos electrónicos en la escuela?”为题，用西班牙语写一篇短文。

注意：词数90～110个。

范文10 El significado de persistir

写作背景

人生是一场马拉松。想要克服各种困难顺利奔向成功的终点，我们不仅要有破釜沉舟的勇气，还要学会坚持，永不言弃。请结合你的生活经历，以“El significado de persistir”为题，用西班牙语写一篇短文。

注意：词数90～110个。

范文与译文

El significado de persistir

Como estudiante de español, en ocasiones siento la tentación de rendirme ante la carga de nuevas palabras. Cuando me resulta complicado seguir avanzando con mis estudios, recuerdo a mi profesora de español, quien siempre me anima con la frase “Nunca te rindas”.

Es cierto que rendirse puede hacer que la situación sea más fácil en el momento, pero el éxito se logra a través de la persistencia, cuyo verdadero significado no solo radica en la habilidad de continuar, sino también en la valentía y confianza que se fortalecen a medida que avanzamos.

A fin de cuentas, persistir no es sencillo, pero siempre se siente bien al alcanzar el triunfo.

译文

坚持的意义

身为西班牙语学子，面对学习新词汇的压力，我时常犹豫是否要放弃。然而，每当我难以为继的时候，我总会想起那句来自西班牙语老师的鼓励：“永不放弃！”

诚然，放弃或许能让当下更轻松，但真正的成功源自于坚持不懈。坚持不仅意味着不断地努力，更在于伴随着学习而不断成长的勇气和自信。

总的来说，坚持不是一件容易的事情。但只要顺利完成任务，那种胜利的感觉就会涌上心头，令人愉悦。

重点词汇及短语

en ocaciones 有时候　　tentación *f.* 诱惑

rendirse *prnl.* 投降，屈服	recordar a alguien 想起某人
a través de 通过	valentía y confianza 勇敢与信心
perseverancia *f.* 坚韧不拔，有恒性	a medida que 随着
no solo...sino también... 不仅……还……	alcanzar el triunfo 取得胜利
radicar *tr.* 在于，生根于	fortalecer *tr.* 巩固，增强
a fin de cuentas 总而言之	

写作主题

如何用“永不放弃”这一座右铭来激励自己继续前行。

文章详解

采用叙事和议论相结合的方式。文章首先通过叙事描述了西班牙语学生在学习新词汇时面临的挑战和犹豫，然后通过议论的方式强调了坚持不懈对于实现成功的重要性。在议论部分，作者使用了对比手法，将放弃的短暂轻松与坚持带来的长期成功进行对比，并深入探讨了坚持所带来的勇气和自信的增长。最后，文章以叙事的方式结束，通过描述一天结束时回望过去并体验胜利的感觉，强调了坚持的价值和胜利的喜悦。这种叙事和议论相结合的方式使得文章既有生动的情节，又有深入的分析，从而能够更好地传达作者的观点和主题。

段1：引入情境、呈现问题，引用西班牙语老师鼓励的话——“永不放弃”，开篇点题。

Siempre me anima con la frase “Nunca te rindas”.

段2：通过对比放弃与坚持的不同结果，深入分析了坚持的重要性以及它如何给“我”带来勇气和自信。

段3：表明坚持带来快乐和喜悦，呼应题目。

Pero siempre se siente bien al alcanzar el triunfo.

词汇拓展

renunciar *tr.* 放弃，舍弃	abandonar *tr.* 抛弃，放开，不理不睬
recordarse de 想起	optar *intr.* 选择，挑选
esforzarse *prnl.* 努力，尽力	progresar *intr.* 前进，进步，发展
seguir adelante 继续前进	

deprimido, da *adj.* 感到压抑的，意志消沉的
tentar *tr.* 诱惑　　residir *intr.* 在于，归于，属于
para la mayoría de los jóvenes 对于大多数年轻人来说
en vista de todos los factores 考虑到所有因素

句子拓展

1. Muchos jóvenes son reacios a continuar su estudio de algo cuando sienten dificultades para aprender .

许多年轻人在学习某样东西的时候感到困难，而不愿意继续学习。

2. Cuando se enfrentan a dificultades en la vida, muchas personas son particularmente propensas a dejar el trabajo a medio hacer.

当遇到困难的时候，很多人都极易半途而废。

3. La perseverancia es la llave del éxito.

坚持是成功的钥匙。

4. Nunca darse por vencido puede ampliar la posibilidad de éxito.

永不放弃可以扩大一个人成功的可能性。

触类旁通

在快速变化的社会中，努力变得尤为重要，它有助于我们克服困难并实现长期目标。请结合你的生活经历，以“¿Qué opinas acerca del significado de hacer esfuerzos?”为题，用西班牙语写一篇短文。

注意：词数90～110个。

范文11 Civilización ecológica

写作背景

如今，工业发展愈加迅速，环境现状也令人担忧。生态文明已经成为热议话题之一。请结合你的生活经历，以“Civilización ecológica”为题，用西班牙语写一篇短文。

注意：词数90～110个。

范文与译文

Civilización ecológica

La civilización ecológica es una parte fundamental del desarrollo de alta calidad de la humanidad.

Como gran país responsable, nuestra patria China se ha orientado firmemente hacia el desarrollo ecológico. Sin embargo, algunas personas son indiferentes y opinan que esto no les importa, como si no vivieran en el mismo planeta.

En mi opinión, sería crucial difundir esta conciencia entre nuestras familias y comunidades. Debemos respetar el equilibrio ecológico para que la civilización humana y la ecocivilización puedan convivir en armonía. La Tierra es el hogar común para la humanidad y necesitamos protegerla de manera conjunta a través de acciones reales.

译文

生态文明

生态文明是人类高质量发展的重要组成部分。

中国致力于推动生态发展，让世界看到中国担当。然而，有些人却毫不在意，认为这与他们毫不相干，好像他们不住在同一个星球上似的。

在我看来，在我们的家庭和社区中传播这种意识是至关重要的。我们必须尊重地球的生态平衡，并促使人类文明与生态文明和谐共存。地球是人类共同的家园，我们必须通过实际行动来保护它。

重点词汇及短语

ser una parte de	是……的组成部分	en mi opinión	在我看来

sin embargo 然而，表转折	respetar *tr.* 尊重，尊敬
opinar que 认为，持……的观点	el hogar común 共同的家园

写作主题

本文的主题是“生态文明与人类高质量发展”。它强调了生态文明在人类发展中的重要性，以及保护地球家园的紧迫性和实际行动的必要性。

文章详解

本文从生态文明的重要性、中国在生态发展方面的努力以及传播生态文明意识等方面进行了阐述。旨在通过强调人类与自然和谐共存的理念和保护地球家园的紧迫性，唤起人们对生态环境的关注和重视。从引入主题到揭示问题，再到提出解决方案和强调实际行动，文章逐步展开论述，环环相扣，层层递进。这种结构有助于读者更好地理解生态文明的重要性，以及我们每个人在保护生态环境方面应承担的责任。

段1：文章开篇直接点题，指出生态文明是人类高质量发展的重要组成部分。通过这个表述，文章将生态文明与人类发展联系在一起，强调了生态文明在当今社会发展中的重要性。

La civilización ecológica es una parte fundamental del desarrollo de alta calidad de la humanidad.

段2：中国致力于推动生态发展的同时，也指出人们在生态环境保护方面存在的问题和忽视。

段3：总结强调传播生态文明意识的必要性并呼吁通过实际行动来保护地球家园。

En mi opinión, sería crucial difundir esta conciencia entre nuestras familias y comunidades. Debemos...y necesitamos protegerla de manera conjunta a través de acciones reales.

词汇拓展

civilizado, da *adj.* 文明的，文化的	género humano 人类
modernidad *f.* 现代性	ultramoderno, na *adj.* 超现代化的
globalización *f.* 全球化	racional *adj.* 理性的

lógica *f.* 逻辑	participar en 参与到
activismo *m.* 行动主义	actuar *intr.* 行动
ecologismo *m.* 生态保护运动	ambiental *adj.* 环境的
sostenible *adj.* 可持续发展	urbano, na *adj.* 城市的
convivir *intr.* 共生	

句子拓展

1. El hombre y la naturaleza conviven en armonía.
人与自然和谐共生。

2. Proteger el medio ambiente a través de un sistema estricto y legal.
通过严格的法律制度保护环境。

3. Cooperar en la construcción de una civilización ecológica global.
共谋全球生态文明建设。

4. Proteger el medio ambiente como se protege los ojos, y tratarlo como se trata una vida.
像保护眼睛一样保护生态环境，像对待生命一样对待生态环境。

5. El gobierno debe formular políticas para pedir a la población a proteger el medio ambiente; los ciudadanos deben empezar por las cosas pequeñas, proteger el entorno que les rodea y utilizar los recursos con moderación.
政府应制定政策，呼吁市民保护环境；公民应从小事做起，保护身边的环境，节约使用资源

6. Podemos proteger el medio ambiente desde cosas pequeñas, por ejemplo, ahorrar el agua, utilizar el transporte público, reciclar los papeles y cartones, consumir de manera responsable, evitar usar los plásticos, etc.
我们可以从小事做起保护环境，如节约用水、使用公共交通工具、回收纸张和纸板、负责任地消费、避免使用塑料等。

触类旁通

随着环境问题的日益严重，我们更加意识到与自然和谐相处的重要性，同时我们也需要采取实际行动来保护地球。请结合你的生活经历，以“¿Cómo deberíamos relacionarnos con la naturaleza?”为题，用西班牙语写一篇短文。

注意：词数90～110个。

范文12 ¿Qué opinas de las mascotas domésticas?

写作背景

我们每个人可能都养过宠物，有人说养宠物不仅可以给我们带来欢乐，给予我们情感支持和陪伴，还能培养我们的责任感和社会交往能力。请结合你的生活经历，以“¿Qué opinas de las mascotas domésticas?”为题，用西班牙语写一篇短文。

注意：词数90～110个。

范文与译文

¿Qué opinas de las mascotas domésticas?

Tener mascotas se ha convertido en una práctica común en muchas familias. En mi caso, tenemos la suerte de tener un perro hermoso, al que cuidamos con mucho cariño.

Desde mi perspectiva, tener mascotas beneficia a los niños al ayudarles a desarrollar habilidades sociales, amor y un sentido de responsabilidad. Además, para los adultos mayores que se sienten solos, los animales llenan el vacío emocional cuando no están sus hijos o familiares cercanos.

No obstante, es importante tener en cuenta que el respeto por la vida es la moral más básica. En cuanto a los que no les gustan los animales, no deben hacerles daño.

译文

你如何看待家养宠物？

家养宠物正在成为一种趋势。就我而言，我对能拥有一条可爱的狗狗感到很幸运，并且我们非常用心地照顾它。

在我看来，对孩子来说，养宠物有助于他们发展社交技能，培养爱心，并培养照顾他人的责任感。此外，对于感到孤独的老年人来说，动物能够填补因没有孩子或亲人而可能留下的情感空白。

然而，请记住，尊重生命是最基本的道德。不那么喜爱小动物的朋友，也请勿伤害它们。

重点词汇及短语

convertirse en	变为，成为	llenar la brecha	填补空白
en mi caso	我的情况是	tener en cuenta	考虑(在内)，注意到
cuidar a alguien con cariño	爱护某人	respeto por la vida	尊重生命
tocar a alguien la suerte de hacer algo	某人有幸做某事		

写作主题

生活在城市中的小动物们与人类如何相处？人类该如何正确处理与小动物之间的关系？

文章详解

本文的逻辑顺序非常清晰，从家养宠物的趋势开始，分别讨论了家养宠物对孩子和老年人的好处，最后以尊重生命的重要性结尾。

段1：开篇点题，表达对于家养宠物的积极态度。

En mi caso, tenemos la suerte de tener un perro hermoso, al que cuidamos con mucho cariño.

段2：分别阐述家养宠物对孩子和老年人的好处。

Tener mascotas beneficia a los niños...Además, para los adultos mayores que se sienten solos, los animales...

段3：从对待家养宠物的观点中强调尊重生命，升华了主题。

El respeto por la vida es la moral más básica.

词汇拓展

animal de compañía		伴侣型动物	cachorro	*m.*	小狗
gatito	*m.*	小猫	quieto, ta	*adj.*	不动的
manso, sa	*adj.*	温顺的，驯服的	obetiente	*adj.*	恭顺的，听话的
agresivo, va	*adj.*	好斗的	tímido, da	*adj.*	胆怯的
enérgico, ca	*adj.*	精力充沛的	ofensivo, va	*adj.*	冒犯的
curar	*tr.*	治愈	aliviar	*tr.*	减轻
consolar	*tr.*	安慰，慰藉	alma	*f.*	灵魂

句子拓展

1. Cuidar mascotas ayuda a los humanos a conocer el mundo animal y desarrollar sentimientos positivos hacia ellos.

养宠物可以帮助人类了解动物世界，并培养对动物的积极情感。

2. Si solo los humanos vivieran en la Tierra, sería una cosa horrible.

如果只有人类活在地球上的话，那将是一件恐怖的事情。

3. Un corazón abierto es la mejor medicina para tratar el estrés y la depresión en todo el mundo.

有一颗包容的心是全世界治疗焦虑和抑郁的最好的药物。

4. Tener mascotas también es un buen medio para aumentar la inmunidad.

饲养宠物也是一种提高免疫力的良好途径。

触类旁通

养宠物成为现代生活中的一种流行趋势，很多人将宠物视为家庭的一员，但同时我们也要承担起照顾宠物的责任。请结合你的生活经历，以“Cuando tengas una mascota doméstica, ¿cómo la cuidarás bien?”为题，用西班牙语写一篇短文。

注意：词数90～110个。

范文13 La influencia de los videojuegos

写作背景

当今社会，电子游戏已经成为人们休闲娱乐的方式之一。然而，对于电子游戏的利弊，人们的看法却不尽相同。请结合你的生活经历，以“La influencia de los videojuegos”为题，用西班牙语写一篇短文。

注意：词数90～110个。

范文与译文

La influencia de los videojuegos

Hoy en día, cada vez más personas se meten en los videojuegos. Desde mi punto de vista, es una situación con sus pros y sus contras.

En primer lugar, los videojuegos pueden hacernos olvidar fácilmente las preocupaciones de la vida. Sin embargo, debido a su rápido desarrollo, inevitablemente surgen algunos problemas.

A muchos estudiantes les encantan los videojuegos, hasta el punto de actuar como si estuvieran ciegos ante las obligaciones de los estudios. Los profesores les aconsejan que no pongan el carro delante del caballo y que tengan autocontrol.

En conclusión, debemos organizar nuestro tiempo de manera razonable para que los videojuegos puedan resaltar su valor de una manera más saludable.

译文

电子游戏的影响

如今，越来越多的人加入到了电子游戏的大军中。我认为这件事有利也有弊。

电子游戏让我们更容易忘记生活中的担忧和焦虑。然而，由于电子游戏的迅速发展，不可避免地会出现一些问题。

对于许多学生来说，他们喜欢电子游戏，但是有些人会过于沉迷而忽视学习任务。老师建议他们要控制自己的行为，不可本末倒置。

总之，我们应该合理安排时间，以确保电子游戏能够以更健康的方式发挥其价值。

重点词汇及短语

hoy en día 当今，现在	debido a 由于，因为
cada vez más 越来越多的	hasta el punto de 甚至到了……的地步
involucrarse en 参与，加入	poner el carro delante del caballo 本末倒置
el pro y el contra 利弊	de manera más saludable 以更健康的方式

写作主题

电子游戏的影响，以及如何合理安排时间来发挥其价值。

文章详解

围绕21世纪发展最快的电子游戏行业对我们的生产生活的影响，作者采用了对比论证、举例说明、提出建议和总结观点等写作技巧和思路来清晰、有力地表达观点，使文章更具说服力。

段1：开门见山，指出电子游戏是一把双刃剑。

Desde mi punto de vista, es una situación con sus pros y sus contras.

段2：阐述电子游戏的好处，但也引出其弊端。

En primer lugar...Sin embargo, debido a su rápido desarrollo, inevitablemente surgen algunos problemas.

段3：指明学生沉迷电子游戏而忽视学习，并从老师角度提出解决方法。

段4：表明作者对电子游戏的辩证看法。

En conclusión, debemos organizar nuestro tiempo de manera razonable para que los videojuegos puedan resaltar su valor de una manera más saludable.

词汇拓展

jugador, ra *m. f.* 玩家	invisible *adj.* 无形的，不可见的
cómic *m.* 连环漫画	anime *m.* 动漫
escena violenta 暴力画面	autodominio *m.* 自控能力
placer *m.* 乐趣	mundo espiritual 精神世界
muerte súbita 猝死	cooperar *intr.* 合作
de doble filo *adj.* 双刃的	

gastar grandes cantidades de dinero y tiempo en 在某方面花费大量金钱与时间
lo ganado no compensa lo perdido 得不偿失

句子拓展

1. La guía del juego para actualizar y luchar contra monstruos facilita que las personas tengan un apego inseparable.

游戏升级打怪的引导，很容易让人产生离不开的依恋。

2. Los videojuegos pueden hacer que fácilmente nos perdamos y olvidemos nuestro propósito original.

电子游戏容易使我们迷失自己，忘记自己的初衷。

3. Los videojuegos pueden ampliar nuestra visión y enriquecer nuestro conocimiento.

电子游戏能开阔我们的视野、丰富我们的知识。

4. Los videojuegos también ayudan a mejorar nuestras habilidades sociales.

电子游戏还有助于我们提升社交技能。

5. Espero que todos puedan tener una visión racional de los videojuegos y que ellos sean como un agua de lluvia que alimenta la tierra, calentando el corazón de las personas.

希望大家能够对电子游戏有理智的认识，让它如甘霖滋润大地般温暖人们的内心。

触类旁通

电子游戏在现代社会中非常流行，但过度沉迷于电子游戏可能会影响个人的健康和社交生活。请结合你的生活经历，以“¿Qué dirías a un amigo que se ha perdido en los videojuegos?”为题，用西班牙语写一篇短文。

注意：词数90～110个。

范文14 ¿Seguir la normativa o perseguir la creatividad?

写作背景

有人说："人们遵守规则，生活才会有条不紊。"也有人说："规则就是用来被打破的，一直墨守成规，我们的时代就永远得不到进步和发展"。请结合你的生活经历，以"¿Seguir la normativa o perseguir la creatividad?"为题，用西班牙语写一篇短文。

注意：词数90～110个。

范文与译文

¿Seguir la normativa o perseguir la creatividad?

Entre la normativa y la creatividad, prefiero la segunda.

La creatividad es el motor que impulsa el progreso social y el crecimiento personal. Aunque las normas pueden mantener el orden social, el exceso de estas puede frenar la innovación.

Desde mi punto de vista, la creatividad es la clave para el desarrollo de todo. Sin la capacidad de pensar de forma innovadora, nunca habríamos inventado la electricidad, la informática o incluso el lenguaje.

En definitiva, en una época de cambios constantes, debemos valorar y mantener nuestra capacidad de innovar, para así poder hacer frente a los desafíos y llevar a la sociedad hacia nuevas fronteras.

译文

循规蹈矩还是勇于创新?

在标准化与创造力之间，我选择后者。

创造力是社会进步和个人成长的引擎。虽然，标准可以确保社会秩序稳定，但过于严苛的标准可能会阻碍创新。

在我看来，创造力是所有发展的关键。倘若没有创新能力，我们或许永远不会发明电、计算机，甚至是语言。

简而言之，在不断变化的时代，我们必须重视和保持创新能力，只有这样，才能应对挑战，引领社会不断迈向新的发展阶段。

重点词汇及短语

motor *m.* 动力，原动力
impulsar *tr.* 推动，推进
crecimiento personal 个人成长
exceso *m.* 过多，过度
frenar *tr.* 抑制，阻止
de forma innovadora 以创新的方式
en una época de cambios constantes 在一个不断变化的时代
hacer frente a 面临，应对

写作主题

探讨“循规蹈矩与勇于创新的选择”，以及创造力在社会进步和个人成长中的重要性。

文章详解

首先引入主题，通过引言提出选择的问题，然后明确自己的立场，接着论证创造力的重要性，讨论标准化的局限性，最后总结并呼吁重视和保持创新能力。这个框架使得整篇文章结构紧凑，逻辑连贯。

段1为引入主题，作者明确了自己的选择：“在标准化与创造力之间，我选择后者。”这直接表明了作者的观点和立场。

段2～3为论证创造力的重要性。作者首先指出创造力是社会进步和个人成长的引擎，这是一个宏观的观点，为后续的论证提供了理论基础。接着，作者通过具体的例子（发明电、计算机、语言）来说明创造力的重要性，使得观点更具说服力。

段4为总结与呼吁，作者总结了整篇文章的观点，并强调了在不断变化的时代，我们必须重视和保持创新能力。这是一个呼吁，旨在鼓励读者在面对规则与创造力的选择时，能够勇于创新，推动社会进步。

词汇拓展

estimar *tr.* 尊重，敬重
obedecer *tr.* 服从，顺从
particular *adj.* 特殊的，非凡的
relevante *adj.* 突出的
bilateral *adj.* 双方的，双边的
multilateral *adj.* 多方面的，多边的
ignorar *tr.* 不管，不顾
hacer caso a 注重，重视
depender de 取决于，依靠于
avanzar *intr.* 前进，进步

triunfar *intr.* 获胜	sobresalir *intr.* 突出
significación *f.* 意义	

句子拓展

1. A nada se llega sin normas ni estándares.
没有规矩不成方圆。

2. Todo lo bueno que existe hoy es fruto de la innovación.
现在一切美好的事物，无一不是创新的结果。

3. Los grandes maestros desarrollan su creatividad en reglas estrictas.
巨匠是在严格的规矩中施展他的创造才能的。

4. En los textos que hemos leído, el antiguo no encontró sus zapatos a tiempo porque estaba acostumbrado a hacer lo mismo todos los días. Esta historia destaca la importancia de la creatividad en nuestra vida.
在我们学习过的文本中，那位古人没有及时买到他的鞋子是因为他习惯了每天做同样的事情。这个故事强调了创造力在我们的生活中的重要性。

5. Deberíamos fomentar la creatividad basada en respetar las reglas básicas, de manera que los individuos y la sociedad puedan beneficiarse.
我们应该在遵守基本规则的基础上，鼓励和培养创造力，让个人和社会都能从中受益。

触类旁通

在大众化和标准化的时代里，保持独立思考并不容易，我们需要勇敢地面对与大多数人不同的观点和做法。请结合你的生活经历，以“¿Qué harías si tu novedad se opone a la mayoría de las personas?”为题，用西班牙语写一篇短文。

注意：词数90～110个。

范文15 Lo que hago cuando tengo una opinión diferente

写作背景

鼓励开放的讨论环境，让不同的声音得到倾听，是寻求真理和解决问题的最佳途径。当面对不同的意见时，有人理性表达，倾听理解，有人冷嘲热讽，甚至进行人身攻击。那么面对不同的声音，该如何妥善处理呢？请结合你的生活经历，以“Lo que hago cuando tengo una opinión diferente”为题，用西班牙语写一篇短文。

注意：词数90~110个。

范文与译文

Lo que hago cuando tengo una opinión diferente

Es común tener diferentes opiniones en cualquier momento. Por eso, es importante que nos enfrentemos a diferentes opiniones con buenos métodos.

Estas son mis recomendaciones. Primero, tenemos que escuchar las opiniones diferentes en vez de comentarlas enseguida. Segundo, podemos hacer preguntas para entender mejor la idea de otros. Por último, necesitamos conseguir que todos nos pongamos de acuerdo con mucho esfuerzo en lugar de imponerles a otros nuestras ideas. Además, no debemos mostrar enfado. Lo primero que debemos hacer es mantenernos serenos cuando nos encontremos con una opinión diferente. Conservar la serenidad nos ayuda a pensar más.

En fin, en cuanto a las ideas diferentes, es imprescindible mantenernos serenos.

译文

当我与别人意见相左我会做什么

在任何时候，人们都常常会有不同的意见。因此，我们以好的方法面对不同的意见是很重要的。

以下是我的建议：首先，我们要认真听取别人不同的看法而不是立刻下结论。其次，为了更好地理解别人的看法，我们可以就不同观点提出疑问。最后，我们需要努力使所有人达成一致而不是把我们的想法强加于别人。此外，我们不能生气。当我们遇到不同见解时，首先我们要保持冷静，保持冷静会帮助我们更多地思考。

总而言之，面对不同观点，我们有必要保持冷静。

重点词汇及短语

común *adj.* 普遍的；常见的	en vez de 而不是
opinión *f.* 意见；看法	en lugar de 而不是
cualquier *adj.* 任何的	enfrentarse *prnl.* 面临；面对
método *m.* 方式；方法	conseguir *tr.* 取得；得到
imponer *tr.* 强使接受	ponerse de acuerdo 达成一致
enfado *m.* 生气	sereno, na *adj.* 平静的
imprescindible *adj.* 必不可少的	en cuanto a 关于

写作主题

见解异同、冷静等。

文章详解

首先以事实引出文章主题。然后分点阐述面对不同见解的方法，最后总结呼吁面对不同见解，保持冷静的重要性。

段1：通过事实每天面对不同意见的普遍性引出文章主题，可运用多种句式进行表达。如：

Es común tener diferentes opiniones en cualquier momento.

段2：分别从聆听他人想法、提出疑问，努力达成一致及保持冷静三个方面阐述面对不同见解的方法。注意连接词的使用：Primero...Segundo...Por último...

段3：再次强调面对不同看法时保持冷静的重要性。

En fin, en cuanto a las ideas diferentes, es imprescindible mantenernos serenos.

词汇拓展

respetar *tr.* 尊重	garantizar *tr.* 保证
evitar *tr.* 避免	conclusión *f.* 结论
agravar *tr.* 加剧	variable *adj.* 不同的
violencia *f.* 暴力	conocimiento *m.* 了解
situación *f.* 情况；形势	libertad de opinión 言论自由
pedir opinión 征求意见	furioso, sa *adj.* 生气的
tomar las medidas necesarias 采取必要措施	

句子拓展

1. Tenemos que abstenerse del uso de violencia y tomar las medidas necesarias para evitar que la situación se agrave.

我们应该拒绝使用暴力，并采取必要措施防止情况恶化。

2. La vida tiene algo de proceso, y de proceso de autoconstrucción.

生活有一个自我构建的过程。

3. Si se pregunta a la gente su opinión sobre cosas de las que no tienen conocimiento previo, los resultados no tendrán sentido.

如果你询问人们对他们事先不了解事情的看法，结果将毫无意义。

触类旁通

当今社会，生活节奏不断加快，我们每天面临一堆知识与信息，应该如何应对处理？请结合你的生活经历，以“¿Por qué tenemos que conservar la serenidad?”为题，用西班牙语写一篇短文。

注意：词数90～110个。

范文16 ¿Qué debemos hacer para hacer realidad nuestros sueños?

写作背景

梦想是心灵的翅膀，让我们在现实的天空中飞翔。每个人的梦想都是独一无二的，它指引着我们穿越困难，追逐希望，无论梦想多么遥远，只要我们坚持不懈，勇往直前，就有实现梦想的可能。那么，如何才能实现梦想呢？请结合你的生活经历，以“¿Qué debemos hacer para hacer realidad nuestros sueños”为题，用西班牙语写一篇短文。

注意：词数90~110个。

范文与译文

¿Qué debemos hacer para hacer realidad nuestros sueños?

Los sueños son muy importantes para cada uno de nosotros porque nos dan fuerza y nos guían hacia adelante, entonces, ¿cómo debemos hacer realidad nuestros sueños?

He aquí mis opiniones. Primero, la acción es más crucial que la palabra o la ilusión. Por eso, lo que tenemos quc hacer primero es empezar. Segundo, la perseverancia es vital. Aunque hacer realidad nuestros sueños no es fácil, no debemos rendirnos a las dificultades, sino mantenernos firmes en nuestros deseos. Al final, una buena salud y buen humor son imprescindibles para alcanzar los sueños. Por lo tanto, hacer ejercicio con regularidad y dedicar tiempo a divertirse son necesarios.

El futuro depara difíciles obstáculos para hacer realidad nuestros sueños. Tenemos que empezar, persistir y tener buena salud.

译文

为了实现梦想我们要做什么？

梦想对我们每个人来说都至关重要，因为它带给我们力量，指引我们前进，那么我们应该怎么实现我们的梦想呢？

下面是我的看法。第一，比起语言和幻想，行动才是关键。因此，我们首先要做的便是开始。第二， 坚持是很重要的，尽管实现梦想不容易，但我们要坚定信心，不能向困难屈服。最后，好的身体和好的心情是实现梦想必不可少的。因此，我们应定期运动并花一定时间娱乐。

在实现梦想的道路上会面临各种障碍，我们应该先开始行动，然后继续坚持，并保持身体健康。

重点词汇及短语

sueño	*m.*	梦想	guiar	*tr.*	带领
fuerza	*f.*	力量	adelante	*adv.*	前进
acción	*f.*	行动	realizar	*tr.*	实现
ilusión	*f.*	幻想	rendirse	*prnl.*	屈服
firme	*m.*	坚定的	mantenerse	*prnl.*	保持
humor	*m.*	好情绪；好心情	regularidad	*f.*	规律
divertirse	*prnl.*	娱乐	imprescindible	*adj.*	必不可少的
persistir	*intr.*	坚持	obstáculo	*m.*	障碍
deparar	*tr.*	给予；造成	tardar...en		在……上花费多长时间

写作主题

梦想的重要性、梦想的实现办法等等。

文章详解

首先说出梦想对个人的重要性。然后分点阐述实现梦想的方法，最后总结实现梦想，行动、坚持和健康的身体是很重要的。

段1：通过提出梦想对实现个人价值的重要性，引出文章主题：要怎样实现梦想。也可借用名家名句引出，如：

Según dicen, es justamente la posibilidad de realizar un sueño lo que hace que la vida sea más interesante.

有人说，正是实现梦想的可能性，使生活变得精彩缤纷。

段2：分别从行动、坚持以及健康三方面阐述实现梦想的方式，由浅入深进行层次递进，实际应试写作时可适当删减合并段落。

Primero...segundo...por último...

也可从两点出发，por una parte...por otra parte...

段3：再次强调梦想的重要性，呼吁大家要坚持梦想，升华主题。

词汇拓展

pobreza *f.* 贫穷	oportunidad *f.* 机会
confiar *intr.* 信任	vago, ga *adj.* 懒惰的
inteligencia *f.* 智力	creatividad *f.* 创造力
imaginación *f.* 想象力	comprensión *f.* 理解力
paciencia *f.* 耐心	autoaprendizaje *m.* 自主学习
curiosidad *f.* 好奇心	

句子拓展

1. A quien madruga, Dios le ayuda.

天道酬勤。

2. Además, es fundamental establecer metas claras y trabajar de manera constante para alcanzarlas.

此外，确立清晰的目标并坚定不移地实现它是很重要的。

3. Es natural que en el camino hacia la realización de nuestros sueños nos encontremos con obstáculos y desafíos, pero es importante no rendirnos y seguir adelante con determinación.

在实现梦想的路上我们遇到困难和挑战是很正常的，但是重要的是不要放弃，坚定不移地向前迈进。

4. Tenemos que trabajar con perseverancia y creer en nuestras capacidades. ¡Nunca dejemos de soñar y luchar por lo que deseamos!

持之以恒，相信我们的能力。永远不要放弃梦想，为我们所想要的而奋斗！

触类旁通

有了梦想，我们就会多一份耿耿的追求。每一个小梦想都值得灌溉与绽放。那么你的梦想是什么呢？你为什么想实现这个梦想？你是怎样让自己梦想成真的呢？请结合你的生活实际，以“Un sueño hecho realidad”为题，用西班牙语写一篇短文。

注意：词数90～110个。

范文17 Consejos para llevarse bien con los demás

写作背景

有效的沟通是建立良好人际关系的基石，俗话说“良言一句三冬暖，恶语伤人六月寒”，保持宽容和谦逊能够有效减少冲突，增进友谊。而恶语和傲慢只会加剧冲突，恶化关系。那么，如何才能与他人和谐相处呢？请结合你的生活经历，以“Consejos para llevarse bien con los demás”为题，用西班牙语写一篇短文。

注意：词数90~110个。

范文与译文

Consejos para llevarse bien con los demás

Es muy frecuente tratar con otros en nuestra vida cotidiana con respecto a la vida en el trabajo o en la escuela, sin embargo, a algunos les resulta difícil tener relaciones con los demás.

Aquí tengo tres consejos útiles. En primer lugar, hay que ser prudente. Es mejor observar y escuchar que opinar. Generalmente, debemos evitar hacer preguntas indiscretas y comentarios negativos a un compañero sobre otro compañero. En segundo lugar, hay que ser atento. Es recomendable recordar bien el cumpleaños de un buen amigo y prepararle un regalito. Le sorprenderá. Además, es importante que nos vayamos habituando, poco a poco, a la dinámica del equipo en el que nos integramos.

En fin, tener relaciones con los demás es complicado, tenemos que hacerlo bien y prestar más atención a las relaciones sociales.

译文

与他人相处的建议

无论在工作时还是校园里，我们在生活中常常会与人交往，但是对某些人来说与人交往是很困难的。

对此，我有三个有用的建议。首先，应当谨慎行事。评论比观察和聆听更好。一般我们不要提不谨慎的问题，避免消极评论。第二，要细心。可以记住某个朋友的生日，为他准备点小礼物，这会让他很惊喜。此外，加入团队活动也很重要。

总之，与人相处是一件复杂的事，我们必须正确对待它，并对社会关系给予更多关注。

重点词汇及短语

cotidiano, na	*adj.*	日常的	tratar con		与……相处
indiscreto, ta	*adj.*	不谨慎的	con respecto a		关于
generalmente	*adv.*	通常	resultar	*intr.*	结果是
negativo, va	*adj.*	消极的	participar	*intr.*	参加
cumpleaños	*m.*	生日	integrarse	*prnl.*	加入，参加
sorprendente	*adj.*	令人惊奇的	complicado, da	*adj.*	复杂的

写作主题

与人相处的方式、与人相处的注意事项等。

文章详解

首先点明与人相处在生活中的普遍性，然后分点阐述与人相处的方法，最后总结重视社交关系。

段1：通过事实阐述，直接点题。也可从社交不好带来的问题引入。如：

En algunos casos, la falta de habilidades sociales puede traer problemas en diferentes ámbitos, como el trabajo, la escuela o la comunidad. Entonces, es necesario aprender a construir buenas relaciones con los demás.

在工作、学校和社区等场合，社交能力欠缺会带来麻烦。因此，我们应学会与他人建立友好关系。

段2：分别从要谨慎、要细心、要积极参加团队活动等三个方面阐述与人相处的办法，由点及面进行阐述，实际应试写作时可适当增减。以下观点也可展开使用。如：

1. Sé positivo.

更加积极。

2. No pierdas tu esencia.

不要失去你的本心。

3. Cultiva tu honestidad.

培养诚实。

4. Supera tus inseguridades.

克服不安。

段3：再次强调社交的重要性，呼吁大家重视社交、重视团队生活。

词汇拓展

honestidad *f.* 诚实
inseguridad *f.* 不安
esencia *f.* 本质
empatía *f.* 共情能力
habilidades sociales 社交能力
prestar atención a 关注
pasar más tiempo con los demás 与他人共同度过一些时间
construir/establecer/mantener buenas relaciones con los demás 与其他人建立友好关系

句子拓展

1. Aconsejamos que te mantengas siempre en contacto con tus seres queridos. La vida nos puede llevar por diferentes caminos, pero la tecnología de hoy nos ofrece la posibilidad de llamar o enviar un mensaje desde cualquier parte del mundo.

我们建议你一直和你的亲人保持联系。生活使我们走向不同的路，但是科技把我们凝聚在一起。

2. La empatía es una de las habilidades sociales más importantes que podemos cultivar, ya que consiste en ponernos en el lugar del otro.

共情能力是设身处地为他人着想，是我们能培养的重要社交能力之一。

触类旁通

一个友好和谐的邻里关系，对于个人和社区的发展都至关重要。请以“Los consejos para mantener buenas relaciones con los vecinos”为题，用西班牙语写一篇短文。

注意：词数90～110个。

范文18 Consejos para hacer comentarios en las redes sociales

写作背景

生活在信息时代，我们每个人都是这个时代中独一无二的角色，而我们在社交媒体发表的每一条评论都具有深远的影响力。一条深思熟虑的正面评论能够激发积极的交流，而负面的评论则可能引发争议甚至伤害他人。那么如何才能营造和谐健康的网络环境呢？请结合你的生活经历，以“Consejos para hacer comentarios en las redes sociales”为题，用西班牙语写一篇短文。

注意：词数90～110个。

范文与译文

Consejos para hacer comentarios en las redes sociales

Con la popularidad de las redes sociales, es común que compartamos nuestra vida y hagamos comentarios entre amigos o desconocidos. Yo no soy una excepción y suelo hacerlo por Wechat y Weibo. En cuanto a hacer comentarios, a mi juicio, es indispensable una actitud activa pero prudente.

Primero, es mejor que mostremos bondad, porque un estímulo simple puede significar mucho para los que estén en desesperados como si fuera un fuego en un invierno intenso.

Segundo, debemos compartir lo menos posible los datos personales. Debido a la falta de seguridad en Internet, puede que los delincuentes aprovechen los datos dejados en los comentarios para estafarnos.

En fin, debemos tomar las redes sociales en serio, compartiendo nuestra felicidad y al mismo tiempo protegiéndonos a nosotros mismos.

译文

在社交媒体上评论的建议

随着社交媒体的普及，我们常常在社交平台上与朋友或陌生人进行互动并留下评论。我也不例外，我经常在微信和微博上留言。在我看来，在发表评论方面，积极而谨慎的态度是必不可少的。

首先，评论时最好展现出善意，因为简单的鼓励对于那些处于绝望中的人可能意味着很多，就像寒冷冬天里的一把火。

其次，我们应该尽量避免分享个人信息。由于互联网不够安全，恶意人士可能会利用评论中的个人信息来欺骗我们。

总之，我们应该认真对待社交媒体，分享我们的快乐，同时也要保护自己。

重点词汇及短语

popularidad *f.* 流行，普及	estímulo *m.* 鼓励
redes sociales 社交媒体	desesperación *f.* 绝望
comentario *m.* 评论	un invierno intenso 严寒
excepción *f.* 例外	lo menos posible 尽可能少的
a mi juicio 在我看来	seguridad *f.* 安全
actitud *f.* 态度	delincuente *m. f.* 罪犯，犯人
activo, va *adj.* 积极的	aprovechar *tr.* 利用
prudente *adj.* 谨慎的	estafar *tr.* 欺骗
indispensable *adj.* 不可或缺的	tomar...en serio 认真对待
bondad *f.* 善意，善良	protegerse de 保护自己

写作主题

如何正确上网，如何正确发表评论、网络安全、个人隐私等。

文章详解

段1：探讨了在使用社交媒体时应该采取的一种积极而谨慎的态度，并介绍了“我”在哪些平台发表评论。

Suelo hacerlo por Wechat y Weibo. En cuanto a hacer comentarios, a mi juicio, una actitud activa pero prudente es indispensable.

段2：强调了向他人展示善意的重要性，指出即使是简单的鼓励也可能对那些处于绝望中的人产生重大影响。这种积极的态度可以通过在社交媒体上发布支持性的评论和内容来实现。

使用como si 句型增强文章语言的表达，使文章更出彩。

Primero...porque un estímulo simple puede significar mucho para los que estén en desesperación como si fuera un fuego en un invierno intenso.

段3：提到了在留言或评论时应尽量避免透露个人信息。这是因为互联网安全环境恶劣，个人信息可能被不法分子利用进行欺诈活动。

Debemos dejar lo menos posible los datos personales. Debido a...

段4：文章总结指出，使用社交媒体是一项需要认真对待的事情。我们应该分享自己的快乐，同时也要注意保护自己的隐私和安全。

En fin, debemos...compartiendo...y protegiéndonos a nosotros mismos.

词汇拓展

comunicación *f.* 交流	ético, ca *adj.* 道德上的
confianza *f.* 信任	interactivo, va *adj.* 相互作用的
responsabilidad *f.* 责任感	inspirador, ra *adj.* 鼓舞人心的
intereses comunes 公共利益	difundir *tr.* 传播
contraseña *f.* 密码	integridad *f.* 真诚

句子拓展

1. Con mucha frecuencia comparto contenidos inspiradores en mis redes sociales.

我总是在社交媒体上分享鼓舞人心的内容。

2. Los usuarios deben actuar con integridad en línea, incluso cuando nadie los está observando.

用户在网络上应该保持诚实，即使没有人在看。

3. Mantener una contraseña segura ayuda a resguardar nuestra información personal en Internet.

使用安全密码有助于保护我们在网上的个人信息。

触类旁通

如今，手机、电脑、电子手表等电子产品已成为人们日常生活的一部分。无论对男女老少来说，网上冲浪都变得相当容易，因此，文明上网对我们很重要。请结合你的生活经历，以“La importancia de navegar por Internet de forma correcta”为题，用西班牙语写一篇短文。

注意：词数90～110个。

范文19 Así me mantengo alegre

写作背景

快乐是一种生活的态度，也是一种健康的心态。它源于对生活的热爱和对当下的珍惜。无论身处何种环境，都学会发现身边的美好，保持感恩之心，我们就可以让快乐成为一种生活的常态。那么，你是如何保持快乐的呢？请结合你的生活经历，以“Así me mantengo alegre”为题，用西班牙语写一篇短文。

注意：词数90～110个。

范文与译文

Así me mantengo alegre

En la actualidad, cada vez más personas están sufriendo depresión. Para aliviarla y alcanzar felicidad, tengo algunas recomendaciones.

En primer lugar, hacer deporte es favorable a mantenernos alegres. Por ejemplo, podemos nadar, practicar el tenis, jugar al baloncesto, etc. Practicar deportes con regularidad puede mejorar la coordinación del cuerpo y la mente. En segundo lugar, pasar tiempo al aire libre puede hacernos más felices. Podemos pasar algún tiempo en el parque con amigos o familiares. Además, la calidad del sueño es imprescindible para que nos mantengamos alegres, por lo que dormir bien es imprescindible. No podemos concentrarnos en el Internet sin acostarnos hasta la medianoche.

En cuanto a la manera de mantenerse alegre, puede ser diferente para cada persona. Deseo que los consejos anteriores sean útiles para vosotros y estéis de buen humor al día.

译文

我是这样保持快乐的

现如今，越来越多的人正在遭受抑郁症的困扰。为了缓解抑郁获得幸福，我有以下三个方法。

首先，定期运动有利于心情舒畅，我们可以游泳、打网球、打篮球等等。规律运动可以协调我们的身体和精神。其次，享受户外时光能够使我们感到更幸福。我们可以和朋友和家人在公园消遣。此外，要保持开心，睡眠质量也是相当重要的。我们不能沉迷于网络，直到半夜才睡觉。

在保持心情愉快方面，每个人都有不同的方法。我希望以上建议对你们来说有用，祝你们每天快乐。

重点词汇及短语

depresión *f.* 沮丧	aliviar *tr.* 减轻，缓解
felicidad *f.* 幸福	alcanzar *tr.* 到达
manera *f.* 方式	disfrutar *intr.* 享有
regularidad *f.* 规律性	concentrarse *prnl.* 专心致志
humor *m.* 情绪	mantenerse *prnl.* 保持
libre *adj.* 自由的	al aire libre 户外
imprescindible *adj.* 必不可少的	familiar *m.* 亲人
medianoche *f.* 半夜	en cuanto a 关于

写作主题

心情愉悦的方式、快乐秘籍等等。

文章详解

首先以当今社会现象引出主题。然后分点写出保持愉悦的方法，最后总点题，希望保持快乐的方法有用。

段1：范文中以越来越多的人得抑郁症从侧面引入保持心情愉快的重要性，也可直接说快乐的重要性。如：

La felicidad no solamente es una de las emociones más positivas que podemos experimentar, es también la llave para tener una vida plena y saludable.

快乐不仅是我们能体验的乐观情绪，也是我们拥有健康生活的关键。

段2：分别从规律运动、多参加户外活动以及睡好觉三个方面阐述怎样获得快乐，实际应试写作时可适当增减。还可增加更多保持快乐的方式，增加方法的详细阐述等等。如：

La ciencia ha demostrado que escuchar música y salir a bailar reduce los niveles de estrés mientras que promueve una mayor felicidad en general.

科学已经证明，听音乐和跳舞可以降低压力水平，同时从整体上提升幸福感。

段3：再次升华主题。

词汇拓展

placer *m.* 快乐	compromiso *m.* 诺言

relación *f.* 关系	significado *m.* 意义
logro *m.* 成就感	control *m.* 控制
gratitud *f.* 感恩	amistad *f.* 友情
descanso *m.* 休息	luz solar 阳光
aumentar las buenas sensaciones 提升幸福感	

句子拓展

1. Según asegura Daniel Gilbert, profesor de psicología de Harvard: “somos felices cuando tenemos familia y somos felices cuando tenemos amigos.”

哈佛大学心理学家丹尼尔·吉尔伯特说：“当我们有朋友、有家人时会感到幸福。”

2. Viajar es una buena forma de desconectar del estrés.

旅行是让大家远离焦虑的一种好方法。

3. Hallar la felicidad es una tarea diferente para cada persona. Trata de hacer pequeños cambios en tu vida te ayudará a sentirte mejor.

对每个人来说，寻找幸福都是一项不同的任务，试图做出一些小改变将有助于你感到更快乐。

触类旁通

幸福是当今社会上经常被讨论到的话题，请结合你的生活经历，以“La importancia de la felicidad“为题，用西班牙语写一篇短文。

注意：词数90～110个。

范文20 La actitud ante las dificultades

写作背景

我们每个人在生活中都会遇到困难。面对困难，有人选择消极避战，将困难视作绊脚石，也有人以坚定的信念和冷静的头脑去分析问题，保持乐观，寻找解决之道。面对困难，你是怎么做的呢？请结合你的生活经历，以“La actitud ante las dificultades”为题，用西班牙语写一篇短文。

注意：词数90～110个。

范文与译文

La actitud ante las dificultades

Generalmente, cada persona se enfrenta con diferentes dificultades en cada etapa. ¿Cómo las resuelven? Aquí están algunas de mis soluciones.

En primer lugar, sé optimista cuando encuentres nuevas dificultades, porque resolver las dificultades depende de una buena actitud. En segundo lugar, la acción es más importante que las palabras. Como dice un refrán: bien hecho es mejor que bien dicho. Por lo tanto, después de encontrar la solución, empezar a actuar es imprescindible. En tercer lugar, comunícate con otros y escúchalos, de este modo puedes analizar y reflexionar lo ocurrido cuidadosamente para encontrar la solución contra la las dificultades.

En fin, es imprescindible tomar una buena actitud y actuar enseguida ante las dificultades.

译文

面对困难的态度

通常来说，人们在每个阶段都会遇到不同的困难。那么怎么解决呢？以下便是我的建议。

首先，当遇到新的困难时，你要乐观面对。因为人们都说解决困难取决于好的态度。其次，行动比语言更加重要。古人云：行胜于言。因此，找到解决方法之后，开始行动才是最关键的。最后，与人沟通、聆听他人，这样你就能仔细思考分析所发生的一切，找到困难的解决办法。

总之，面对困难要有一个好心态并立刻采取行动。

重点词汇及短语

generalmente *adv.* 通常	resolver *tr.* 解决
propio, pia *adj.* 自己的	depender *intr.* 取决于
solución *f.* 解决措施	solucionar *tr.* 解决
actitud *f.* 态度	analizar *tr.* 分析
acción *f.* 行动	enfrentar *tr.* 面对
urgente *adj.* 紧急的	imprescindible *adj.* 必不可少的
cuidadosamente *adv.* 仔细地	optimista *adj.* 乐观的

写作主题

解决困难的措施、态度等等。

文章详解

首先阐述困难在日常生活中的常见性，引出解决困难的重要性。然后分点总结解决困难的办法，最后总结：解决问题要态度好、行动力强。

段1：阐述困难的普遍性，引出文章主题。也可用人们常用的态度引入。如：

El ser humano tiene una mente maravillosa, a la cual le encanta responsabilizar a otros de su problema, de esta manera tiende a buscar culpables. ¿Es correcto? Creo que …

人类奇怪的脑子总爱把自己的问题归罪与他人，倾向于找一个替罪羊。这样正确吗？我认为……

段2：从心态上要积极乐观、行动要快、聆听他人意见三方面阐述面对困难的态度。

Si tienes una actitud positiva puedes lidiar mejor con el estrés y situaciones negativas.

如果你有乐观的心态，你就能更好地应对压力以及消极情况。

段3：再次强调好心态和行动力的重要性，呼吁大家积极乐观。

词汇拓展

positivo, va *adj.* 乐观的	respetuoso, sa *adj.* 恭敬的
disciplinado, da *adj.* 守纪律的	flexible *adj.* 灵活的
no temer a los cambios 不要害怕改变	saber elaborar planes 会制定计划

aprender de los errores　从错误中学习
adaptarse a la rutina de vida　适应常规生活

句子拓展

1. Tienes que creer en ti mismo, en tus capacidades. La confianza te permite enfrentar los problemas.

一定要相信自己的能力。自信能让你积极面对困难。

2. Las personas con actitud positiva mantienen las esperanzas en alto y ven lo mejor incluso en medio de las dificultades.

乐观的人永远满怀希望，就算正处于困难中，也能看到事情最好的一面。

3. La actitud es cómo decidimos reaccionar ante la vida. Es una capacidad propia del ser humano para enfrentar el mundo.

态度是我们应对生活的反应，是人类面对世界的一种能力。

触类旁通

人们常言："爱笑的人运气不会差"，对此你有什么看法呢？请结合你的生活经历，以"La importancia de ser optimista"为题，用西班牙语写一篇短文。

注意：词数90～110个。

范文21 ¿Prefieres vivir en el campo o la ciudad?

写作背景

乡下的日子宁静而悠闲，清晨被鸟鸣唤醒，推开窗便是满眼的绿意和清新的空气。而在城市，高楼林立，霓虹闪烁，快节奏的生活充满挑战和机遇。请结合你的生活经历，以“¿Prefieres vivir en el campo o la ciudad?”为话题，自拟题目，用西班牙语写一篇短文。

注意：词数90～110个。

范文与译文

Quiero vivir en la ciudad

En cuanto al futuro, me gustaría vivir en una ciudad más moderna y conveniente.

He aquí mis razones. Primero, en una ciudad moderna hay mucho tráfico y su transporte público es conveniente. Puedo llegar a cualquier destino adonde quiera ir. Segundo, en los lugares pequeños la vida es muy simple, después del trabajo, no tengo otro remedio que regresar a casa. Pero, en realidad, yo deseo tener una vida más interesante. Puedo hacer uso de más servicios públicos viviendo en una ciudad más moderna. Por ejemplo, en mi tiempo libre puedo pasear por el parque, leer en la biblioteca municipal y visitar exposiciones.

En conclusión, tengo muchas ganas de vivir en una ciudad más moderna y grande en el futuro.

译文

我更喜欢住在城市

关于未来想居住的地方，我想住在城里，因为那里更现代、更方便。

以下便是我的理由：首先，现代城市交通便捷，我可以搭乘各类交通工具到我想去的目的地。其次，小地方的生活太枯燥，下班后，除了回家什么也做不了。但是我想有更有趣的生活。最后，住在大城市。我能享受到更多公共服务，在空余时间，我可以逛公园、在城市图书馆看书，看展览等等。

总之，以后我想生活在现代化的大城市。

重点词汇及短语

futuro *m.* 未来	conveniente *adj.* 方便的
condición *f.* 条件	municipal *adj.* 市政的；城市的
escaso, sa *adj.* 不足的	exposición *f.* 展览
gozar *intr.* 享有	al final 最后
por ejemplo 例如	en conclusión 总而言之
no tener otro remedio que 只有	tener ganas de 想

写作主题

城市、乡村生活的利弊等。

文章详解

首先直接点题，引出自己想住在城市。然后分点总结住在城市的益处，最后升华主题。

段1：直接引出主题。也可换一种方式引入，如：

Puede que lleves tiempo pensando en cambiar de aires o darle un giro a tu vida y la de tu familia trasladándote a una ciudad más grande que la en que vives actualmente.

或许你正在思考通过搬家去大城市来改变一下环境、改变一下自己和家人的生活。

段2：分别从教育资源、生活的趣味性以及公共设施三个方面阐述城市生活带来的便利和福利，由浅入深进行层次递进，实际应试写作时可适当增减。也可增加反面例证丰富文章内容。如：

1. Las ciudades se caracterizan por ser el centro de inversión de las grandes empresas, por lo que puedes encontrar edificaciones modernas, centros culturales y comerciales, red de transporte amplia con estaciones innovadoras y una construcción más avanzada, lo que influye de manera significativa en la calidad de vida.

城市是大型建筑公司的投资中心，在这里你可以看到现代化的建筑、文化和商业中心、拥有创新车站的广泛交通网络以及更先进的建筑，这些都会极大地影响生活质量。

2. Sin embargo, los inconvenientes de vivir en la ciudad son las contaminaciones del aire, el agua y el ruido.

然而，生活在城市的缺点则是废气、噪音和污染等。

段3：再次点题。

词汇拓展

erradicación *f.* 根除	saneamiento *m.* 健康
acceso a la sanidad 获得医疗	electricidad *f.* 电力
ingreso *m.* 收入	nivel de vida 生活水平
agua potable 饮用水	vivienda *f.* 住房
ruido *m.* 噪音	contaminación *f.* 污染
infraestructura *f.* 基础建设	actividades de ocio 休闲活动
centros culturales y comerciales 文化、商业中心	

句子拓展

1. La vida en el ámbito rural, por ejemplo, suele ser más tranquila, con menos aglomeración de personas y con un ambiente natural al aire libre.

农村生活通常更加安静，人流少，环境好。

2. En la ciudad, la vida es completamente diferente, con una gran afluencia de personas, mayor presencia de vehículos, actividades diurnas y nocturnas.

而城市生活完全不同，城市人流大，车水马龙。

3. Son muchas las personas que han tenido en cuenta la educación como consideración principal para tomar su decisión.

很多人把教育纳为他们做决定的主要顾虑。

触类旁通

近年来，国家对农村建设大力支持，我国农村生活越来越好。请结合你的生活经历，根据“¿Qué te parece vivir en el campo? ”自拟题目，用西班牙语写一篇短文。

注意：词数90～110个。

范文22 ¿Te gusta más viajar solo/a o en grupo?

写作背景

旅行是心灵的洗礼，也是对未知世界的探索，结伴旅行与独自旅行各有其独特的魅力。结伴出行时共同克服困难的经历能够加深彼此的友谊，而独自旅行则是一场与自我对话的旅程，请结合你的生活经历，以"Te gusta más viajar solo/a o en grupo?"为话题，自拟题目，用西班牙语写一篇短文。

注意：词数90～110个。

范文与译文

Me gusta más viajar en grupo

En la actualidad, con el aumento del nivel de vida, a cada vez más gente le gusta viajar sola o acompañada. Yo prefiero viajar acompañado.

Aquí son mis razones. Primero, cuando somos un grupo, viajar es más interesante y obtenemos más alegría de compartir, como probar comidas deliciosas juntos. Segundo, al viajar a un lugar desconocido, sobre todo, al extranjero, no somos buenos en hablar el idioma local ni estamos cerca de nuestros seres queridos, en este momento el miedo y la angustia se multiplican rápido. Por eso, si alguien nos acompaña, el viaje será más relajado y agradable. Por último, viajar acompañado es más seguro, no solo por la salud, sino también porque puedes cuidar mejor tus pertenencias.

En fin, prefiero viajar con amigos o familiares con el fin de tener un viaje seguro y divertido.

译文

我更喜欢结伴旅行

现如今，随着生活水平提高，越来越多的人喜欢旅行，无论是单人出游还是多人出行。对我而言，我更喜欢结伴旅行。

我的理由如下：第一， 当我们是一群人时，旅行会更有趣，比如一起品尝美食时，我们会获得更多分享的快乐。第二， 去一个不熟悉的地方旅行时，尤其是国外，由于交流困难，没有亲人陪伴，恐惧和焦虑会成倍增加。因此，这个时候如果有人陪着我们，旅行一定会更有趣更轻松。最后，结伴出行时，无论是财产还是人身都更安全。

总之，为了安全又愉悦的旅行，我更喜欢和家人或朋友一起出行。

重点词汇及短语

solo, la	*adj.*	单独的；独自的
acompañado, da	*adj.*	有陪伴的
importante	*adj.*	重要的
típico, ca	*adj.*	独特的
relajado, da	*adj.*	轻松的
seguro, ra	*adj.*	安全的
divertido, da	*adj.*	有趣的
bienes	*m. (pl)*	财富
probar	*tr.*	品尝
acompañar	*tr.*	陪伴
multiplicar	*tr.*	使成倍增加
costar	*intr.*	使费力
delicioso, sa	*adj.*	美味的
desconocido, da	*adj.*	陌生的
angustia	*f.*	痛苦，烦恼
con el fin de		为了

写作主题

旅行的方式、旅行的好处等。

文章详解

首先引出文章主题，点明旅行在现代生活中的常见性，抛出自己喜欢的旅行方式。然后从获得更多分享的快乐、去陌生环境的语言困扰以及人生财产安全三方面阐述自己喜欢团队旅游的原因，最后升华点题。

段1：通过事实阐述，直接抛出个人观点，可运用多种句式进行表达。如：

Viajar es una de las actividades más alegres que puedes probar en toda la vida. A mi parecer, me gusta...

旅行是你一生都能尝试的最快乐的活动之一，对我而言，我喜欢……

段2：分别从特色食物的尝试、去陌生环境的语言不便、人身财产安全三方面给出自己喜欢多人出行的理由。实际应试写作时可适当增添删减。也可增加对立面的观点，进行全面对比，如：

Cuando viajas solo, eres libre de hacer lo que tú quieres, no tienes la necesidad de satisfacer a nadie sino a ti mismo.

当你独自旅行的时候，你可以做自己想做的，而不用将就别人。

段3：再次点题。

词汇拓展

salir de tu zona de confort		走出舒适区
explorar	*tr.*	探索

libertad *f.* 自由	los planes trazados 定好的计划
tímido, da *adj.* 害羞的	introvertido, da *adj.* 内向的
contactar con 与……联系	paisaje extraordinario 奇观

句子拓展

1. Recuerda que viajar solo no significa que siempre estarás solo. Significa, más bien, que tienes la oportunidad de conocer personas nuevas y darte espacio a ti mismo cuando lo desees.

你要知道独自旅行并不意味着你一直是一个人，而是你有机会认识新的朋友，给自己更多空间。

2. Cuando te encuentras cansado después de caminar todo el día, siempre es bueno que haya alguien dispuesto a subirte el ánimo y te invite a hacer algo más.

当你游走一天感到疲倦的时候，有人鼓舞你并邀请你做一些有趣的事，这总是一件好事。

触类旁通

现如今，随着社会的发展，人民生活水平有所提高，越来越多的人喜欢旅行。请结合你的生活经历，根据“¿Te gusta viajar? ¿Por qué?“自拟题目，用西班牙语写一篇短文。

注意：词数90～110个。

范文23 ¿Cómo enfrentamos los problemas de tráfico?

写作背景

交通是城市跳动的血脉，它不仅连接着人们的日常生活，也是经济发展的纽带。而交通问题一直是现代城市发展的一大挑战，随着人口的增长和汽车保有量的上升，拥堵和污染等安全问题日益凸显。请结合你的生活经历，以“¿Cómo enfrentamos los problemas de tráfico?”为题，用西班牙语写一篇短文。

注意：词数90～110个。

范文与译文

¿Cómo enfrentamos los problemas de tráfico?

Hoy en día, con el desarrollo de la sociedad moderna, la mayoría de las familias tiene un coche e incluso más. Por eso, es común encontrarse con atascos o accidentes en las horas punta, especialmente, en las ciudades grandes.

Aquí tengo tres consejos para aliviar los problemas de tráfico. En primer lugar, es más económico y ecológico tomar el autobús para ir a la oficina. En segundo lugar, podemos ir a trabajar en bicicleta compartida si el destino no está lejos, lo que puede reducir la contaminación y el tráfico. Por último, podemos salir temprano con objeto de llegar a la oficina a tiempo.

En suma, es necesario tomar medios de transporte públicos para prevenir los problemas de tráfico.

译文

我们如何面对交通问题

现如今，随着现代社会的发展，大多数家庭都有一辆车甚至更多，因此，在高峰时期遇见堵塞或交通事故是很常见的，尤其是在大城市。

为缓解交通问题，我有三个建议。第一，上班搭乘公共汽车，这样更加实惠环保；第二，如果工作地点不是那么远，我们可以骑共享单车去上班，这样既减少污染也避免交通堵塞；最后，为了准时到达办公室，我们可以提前出门。

简而言之，为了避免交通问题，我们应该搭乘公共交通出行。

重点词汇及短语

desarrollo *m.* 发展	encontrar *tr. / intr.* 遇到
habitual *adj.* 惯常的	evitar *tr.* 避免
moderno, na *adj.* 现代的	conveniente *adj.* 合适的
atasco *m.* 交通堵塞	compartido, da *adj.* 共享的
accidente *m.* 事故	contaminación *f.* 污染
especialmente *adv.* 尤其	temprano *adv.* 提早
problema *m.* 问题	necesario, ria *adj.* 必要的
tráfico *m.* 交通	económico, ca *adj.* 经济实惠的
ecológico, ca *adj.* 环保的	horas punta 高峰时刻
hoy en día＝en la actualidad 当今	en suma 总而言之
medio de transporte 交通方式	con objeto de 为了

写作主题

交通问题、解决交通问题的措施等等。

文章详解

段1：首先引出文章问题，随着社会发展，家家都有轿车，在大城市出行变得困难。如：

1. Hoy en día, con el desarrollo de…, la mayoría de la familia tiene...
2. La congestión vehicular en...ha aumentado dramáticamente en los últimos años.

段2：从乘公交、骑共享单车以及提前出门三方面提出缓解交通问题的方法。

En primer lugar…en segundo lugar…por último…

段3：再次点题，强调搭乘公共交通的重要性。

En suma, es necesario+inf./que +subj. 总而言之，……是必要的。

词汇拓展

resolver *tr.* 解决	gratuito, ta *adj.* 免费的
circulación *f.* 交通	zona residencial 住宅区
zona industrial 工业区	zona comercial 商业区

autopista *f.*	高速路	comisaría de policía	警察局
congestión del tráfico	交通堵塞	inseguridad ciudadana	城市不安全因素

句子拓展

1. Para llegar al destino ecológicamente, tienes que tomar el metro/el autobús.
为了以环保的方式到达目的地，你应该乘地铁/坐公交。

2. El metro es más rápido para ir al trabajo, ya que no hay problemas de tráfico y atascos.
地铁是上班更快的交通方式，因为没有交通堵塞问题。

3. La baja del precio del pasaje y la implementación de transporte público gratuito son algunas de las medidas sugeridas para enfrentar los accidentes y la congestión.
降低票价或部署免费公共交通也是缓解事故及堵塞的方法。

触类旁通

近年来，随着社会的发展和人民生活水平的提高，越来越多的家庭都有了小汽车，从而导致交通堵塞，尤其是上下班高峰时期。请结合你的生活经历，根据“¿Qué piensas sobre las causas del atasco? “自拟题目，用西班牙语写一篇短文。

注意：词数90～110个。

三 书信

文体及写作方法介绍

书信类文本在我们的生活中十分常见，属于生活领域高频使用的应用文之一。从古到今，从以往的纸质书信到现在的电子邮件，书信的形式虽然在改变，但不变的是其传递信息的本质功能。在我们熟知的西班牙语国家，大到行政申请、小到生活投诉，都需要以正式或非正式的文本呈现。因此，我们有必要了解和学习这类信件。

根据书信类文本的内容和应用需求分类，常见的类型有申请信、投诉信、建议信、感谢信、邀请信、推荐信、祝贺和通知，其中在DELE和SIELE考试中，申请信和投诉信是高频考点。虽然就目前来看在往年的西班牙语高考真题中还没出现过相关书信类作文，但根据《西班牙语课程标准》和英语等其他语种的高考作文题型分析，相信在不久的将来，书信类作文将会是高考命题的新方向，这个类型的作文题也逐渐会被纳入考试范围中。

书信的评分标准一般为格式正确、内容完整和书写正确。不难发现，书信写作首先要求的就是格式。掌握正确的书写格式，是我们完成写作任务的最基本要求。接下来我们将学习西班牙语书信的基本格式。根据使用场景的不同，我们将分别从正式和非正式两个角度进行介绍，以便大家能更清楚地了解它的布局结构。

PARTES DE LA CARTA

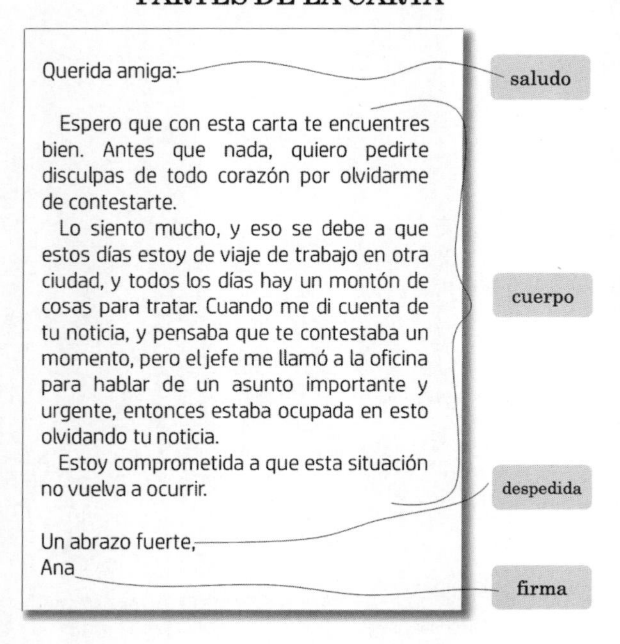
Querida amiga:

Espero que con esta carta te encuentres bien. Antes que nada, quiero pedirte disculpas de todo corazón por olvidarme de contestarte.

Lo siento mucho, y eso se debe a que estos días estoy de viaje de trabajo en otra ciudad, y todos los días hay un montón de cosas para tratar. Cuando me di cuenta de tu noticia, y pensaba que te contestaba un momento, pero el jefe me llamó a la oficina para hablar de un asunto importante y urgente, entonces estaba ocupada en esto olvidando tu noticia.

Estoy comprometida a que esta situación no vuelva a ocurrir.

Un abrazo fuerte,
Ana

各国写信的格式多有不同，旧版《现代西班牙语》第二册13单元和新版《现代西班牙语》第二册11单元均给我们列出了一些书信格式以作参考。同样的，上图清晰地展示了信函的基本布局，分为“问候”“正文”“告别”“署名”四大部分。需要注意的细节是格式和标点符号的使用：

（1）问候顶格写，以冒号结尾。

（2）告别语分为三种形式：

以第一人称书写，则以句号结尾，ej. Me despido de usted cordialmente.

以第三人称单数书写，不需要符号，ej. Se despide de usted cordialmente.

以名词形式或副词结尾，则以逗号结尾，ej. Un beso, / Atentamente,

下面我们将逐一学习书信的各个部分。每部分的用词分为正式和非正式信函，一般而言，前者比较正式严谨，用词方面体现礼貌和尊敬，在行文中常用“usted”（您）来称呼并进行对应的动词变位；而后者一般是写给朋友和家人的，口吻亲切随意，用词方面也有些许不同。

I. Saludo 问候

第一部分引出收信人，一般在收信人之前添加问候或者尊敬词，用冒号结束。因场景不同，用词也有区别。

- Carta informal 非正式信函

  Hola ×××:

  Querida ×××:

  Querido amigo:

  Mi amiga querida:

- Carta formal 正式信函

  Estimado profesor ×××:

  Estimado/a Sr./Sra.:

  A quien corresponda:

II. Cuerpo 正文

(a) 寒暄打招呼

一般用在正文第一段开头，表达作者对收件人的问候和关怀。

- Carta informal 非正式信函

  Hola, ¿qué tal estás?

  ¿Todo va bien? / ¿Todo bien?

  ¿Hola, cómo te va? Por aquí todo está muy bien.

¡Cuánto/Tanto/Mucho tiempo sin vernos!

- Carta formal 正式信函

  Buenos días.

  Espero que se encuentre bien.

(b) 来信原由

来信原由常见于正式信函，用于交代清楚写信目的，使收件人第一时间知道作者的需求；一般在非正式信函中，打完招呼后可以直奔主题，讲最近发生的事情，当然也可以讲明写信原由，但要避免过度严肃。

- Carta informal 非正式信函

  Me gustaría contarte mis planes y mis experiencias.

  Te escribo desde (un lugar) para contarte/ informarte/ comunicarte...

  Me alegra mucho poder escribirte esta carta y saber de ti.

- Carta formal 正式信函

  Le escribo para...

  Le escribo con la intención de...

  Le escribo para informarle de que...

  Por medio de la presente le comunicamos de que...

  Me dirijo a usted para...

(c) 期待回复

在完成主要部分之后，正文最后一部分需要总结并表达思念、感谢、问候、祝愿和期待回复等。“期待回复”是最常用的一种方式。非正式信函较多表达思念、感谢、问候、期待回信或约定见面，而正式信函通常表达对对方阅信的感谢、期待回复并希望随时联系。

- Carta informal 非正式信函

  Dime pronto qué te parece.

  Bueno, nos vemos pronto/después.

  Saluda a tu familia de mi parte.

  Que tengas un buen día/un buen viaje/buenas vacaciones.

  Te mando un gran saludo.

  Un fuerte abrazo a ti y a los tuyos. Con cariño.

  Tengo ganas de verte. Espero tu respuesta.

  Te extraño y estoy en espara de tu respuesta.

- Carta formal 正式信函

  A la espera de su respuesta/sus noticias. Le doy de antemano las gracias.

Quedo a la espera de su respuesta/sus noticias.

Le agradezco de antemano su atención y quedo a la espera de su respuesta.

Por favor, no dude en ponerse en contacto conmigo si necesita más información o si tiene alguna pregunta.

Esperando su favorable acogida a nuestra solicitud. Muchas gracias.

Le agradecería su tiempo y las molestias que pudiera ocasionarle.

III. Despedida y firma告别和署名

这一类告别语类似中文中的“此致敬礼”，但词汇会更加丰富。对于朋友和家人，更多用较为亲昵的词汇，如“beso”和“abrazo”，而在正式信函中，则用“saludos”和“atentamente”较多，最后用逗号隔开，署名另起一行。

- Carta informal

  Un beso/Besos/Un abrazo/Un abrazo fuerte/Con afecto/Afectuosamente,

  ××× (firma)

- carta formal

  Un saludo cordial/Saludos/Atentamente,

  ××× (firma)

除了以上提到的格式，各种书信类型在内容上也有类似的行文逻辑，掌握它们可以大大帮助我们写作，因此，接下来我们将分类详细介绍每种类型书信的结构和常用词句。

类型1 Carta de solicitud 申请信

Tu universidad va a ofrecer una beca para estudios continuos a todos los estudiantes y quieres solicitarlas. Escribe una carta de solicitud a los responsables.

你所在的大学将为所有学生提供继续学习奖学金，你想申请该奖学金，请给相关负责人写一封申请信。

范文与译文

Estimado/a Sr./Sra.:

Buenos días. Me llamo Ana y soy de tercer curso. Le escribo para solicitar la beca para estudios continuos que he visto en nuestra página oficial con el fin de seguir mi carrera.

Si tenemos en cuentalos requisitos específicos, creo que soy adecuada para su programa. Por una parte, siempre me he mantenido un promedio alto de notas, y he ganado varios concursos nacionales en mi ámbito. Por otra, nunca he solicitado ninguna beca y mi situación económica actual no me permite realizar estudios continuos. Por esta razón, solicito que me dé esta subvención para ayudarme a superar esta dificultad.

Por favor, no dude en ponerse en contacto conmigo para cualquier información adicional. Espero que considere mi solicitud favorablemente. Muchas gracias por su tiempo y consideración.

Atentamente,

Ana

译文

尊敬的先生、女士：

早上好。我叫安娜，是一名三年级学生。我在我们官方网站上看到了继续深造奖学金，因此我特意给您写信申请该奖学金以继续学业。

根据具体要求，我认为我适合这个项目。一方面，我的平均成绩一直很高，并曾在本专业的几次全国竞赛中获奖。另一方面，我之前未申请过奖学金，并且目前的经济状况也不允许我继续学习，所以申请给予我这个补贴，以帮助我克服这一困难。

如需其他信息，请随时与我联系。希望您能积极考虑我的申请。非常感谢您的时间和考虑。

此致

敬礼！

安娜

重点词汇及短语

curso *m.* 课程；年级
solicitar *tr.* 申请
página oficial 官网
requisito *m.* 要求
adecuado, da *adj.* 适合的，合适的
por otra 另一方面
promedio *m.* 平均分
nota *f.* 分数
nacional *adj.* 国家的
económico, ca *adj.* 经济的
subvención *f.* 补贴
ponerse en contacto con 联系
considerar *tr.* 考虑
solicitud *f.* 申请
beca *f.* 奖学金
con el fin de 为了
específico, ca *adj.* 具体的
por una parte 一方面
mantener *tr.* 保持，维持
calificación *f.* 成绩
concurso *m.* 比赛，竞赛
ámbito *m.* 范围，领域
permitir *tr.* 允许
salvar dificultades 克服困难
adicional *adj.* 附加的，补充的
consideración *f.* 考虑

写作主题

本文主题为申请信，通常是申请奖学金、学习项目和志愿者活动的参与机会。在写作要求中，会附上该机会的候选者要求，我们需要一一对应，说明自身条件符合要求。内容分为两部分：一部分是根据要求写作，完整说明你对应取得的成绩或者经验；另一部分可以补充说明兴趣和动机，如你的经济情况、做过的相关努力等。

文章详解

段1：开门见山，介绍你是谁、如何得知消息和写信原由。

Buenos días, soy…Le escribo para pedir la solicitud de...que he visto en...

段2：针对要求，说明自身符合条件：学习成绩、证书、经验、自身情况、表达出自己是合适人选且强烈希望参加这个项目。

Según los requisitos específicos...además, tengo rica experiencia en cuanto a...Por otra...De modo que quería solicitar este…para superar mi dificultad.

段3：表达感谢，期待回复和进一步联系。这个一般是套话，可以在书信文体介绍中选择1～2个常用的句子。

Por favor, póngase en contacto conmigo para cualquier información adicional. Espero que considere mi solicitud favorablemente. Muchas gracias por su tiempo y consideración.

段4：告别和署名。

Atentamente/Saludos/Un saludo,

×××

词汇拓展

solicitar *tr.* 申请	pedir la solicitud 申请
requisito *m.* 要求	condición *f.* 条件；要求
exigencia *f.* 要求	exigir *tr.* 需要，要求
requerir *tr.* 需要，要求	ganar *tr.* 获得；赢；赚
obtener *tr.* 获得；成功做某事	conseguir *tr.* 获得；成功做某事
ventaja *f.* 优点，美德	virtud *f.* 优点
experiencia *f.* 经验	voluntario, a *m.f.* 志愿者
trabajador, ra *adj.* 勤奋努力的	sacar buenas notas 取得好成绩
actividad voluntaria 志愿活动	prestaciones sociales 社会援助
la situación actual/la actualidad 现状	con el fin de 为了
con la intención de 为了	

句子拓展

1. Creo/Pienso/Opino que soy el candidato adecuado para este programa.
我认为我是符合该项目的人选。

2. He sacado buenas notas y calificaciones.
我取得了好成绩和分数。

3. Tengo rica experiencia en...
我在……有丰富的经验。

4. Quería solicitar este proyecto para ayudarme a superar mis dificultades.
我想申请该项目来帮助我克服困难。

触类旁通

玛丽亚国际学校(el Instituto María)计划邀请一些有一年以上西班牙语学习经历的中国学生参观西班牙，体验当地的美食、文化和风景。假设你是李华，对此非常感兴趣，请给学校写一封申请信，内容包括：

(1) 介绍自己；
(2) 表达你符合该项目要求（教育、经验、能力、态度等）；
(3) 补充其他专业或性格方面的细节；
(4) 解释你愿意参加该项目的原因。

注意：词数90～110个。

类型2 Carta de disculpa 道歉信

Te olvidas de contestar a la carta de tu amigo, ahora escríbele una carta para explicar causas y pedirle el perdón.

你忘记给朋友回信，写信解释理由并请求她的原谅。

范文与译文

Querida amiga:

Espero que te encuentres bien. Antes que nada, quiero pedirte disculpas de todo corazón por haber olvidado contestarte y tardado mucho en responderte sobre la noticia.

Lo siento mucho, de verdad. Se debe a que estos días estoy de viaje de trabajo en otra ciudad, y todos los días tengo muchas cosas que hacer. Al ver tu noticia, iba a contestarte, pero justo cuando el jefe me llamó a la oficina para hablar de un asunto importante y urgente y olvidé tu noticia.

Te prometo que no volverá a ocurrir. Estoy dispuesta a escuchar tus sentimientos y espero que me perdones.

Con cariño y arrepentimiento,

Ana

译文

亲爱的朋友：

希望你一切都好。首先，我想发自内心地向你道歉，因为我忘记给你回信了，而且过了这么久才给你回信。

非常抱歉，因为这些天我正在另一个城市出差，每天都有很多事情要处理。当我看到你的消息后，本想给你回个信，但老板把我叫到办公室讨论一件重要而紧急的事情，然后我忘记了你的消息。

我承诺这种情况以后不会再发生。我愿意倾听你的感受，希望你能原谅我。

带着爱和歉意。

安娜

重点词汇及短语

encontrarse bien 感觉安好	antes que nada 首先
pedir disculpe 求得原谅	de todo corazón 真诚地
olvidarse de 忘记做某事	tardar mucho en 在……耽搁很久
deberse a 因为，由于	estar de viaje de trabajo 出差
un montón de 一大堆	darse cuenta de 发觉，发现
asunto *m.* 事情，事件	urgente *adj.* 紧急的
estar ocupado, da en 忙于	estar comprometido, da a 承诺
arrepentimiento *m.* 后悔	

写作主题

道歉信一般开门见山写为何事道歉，并解释当时发生了什么，以及事后个人的想法感受或者引起的负面影响。因此在描述事件时，经常用到过去时，需要区分用简单过去时还是过去未完成时，同时需要注意动词变位的正确书写。

文章详解

段1：开门见山，在问候语之后，表达道歉，并点明出于何事的道歉。

Espero que esta carta te encuentre bien. Antes que nada, quiero pedirte disculpas por.../quería que me perdones por…

段2：描述当时事件，自身的行为和情况；适当添加事后感受或负面影响。

Lo siento mucho, y eso se debe a que…

Recuerdo que ese día…

Esto no solo afecta a… sino también influye en...causando...

段3：承诺不会再次发生该情况，希望感情不受影响以及期待回信

Prometo que esta situación no vuelva a ocurrir. Estoy dispuesta a escuchar tus sentimientos y espero que me perdones.

Prometo que esta situación no vuelva a ocurrir. Si quieres, quedamos el fin de semana para tomar algo juntos. Escríbeme y espero tu respuesta.

段4：告别和署名。

Besos/Un beso/Abrazos/Un abrazo/ Con cariño,

×××

词汇拓展

en primer lugar 首先	para empezar 首先
en el segundo 其次	en segundo lugar 其次
perdonar *tr.* 原谅	disculpar *tr.* 原谅
sinceramente *adv.* 真诚地	atribuir a 因为
prometer *tr.* 承诺	esperar que + subj. 期望，希望
desear que + subj. 希望，渴望	querer que + subj. 希望，想

句子拓展

1. Quería pedir tu culpa porque...
我想请求你的原谅，因为……
2. Perdóname por favor.
请你原谅我。
3. Eso se debe a que / atribuye a...
这是因为……
4. Estoy comprometido a...
我承诺答应……

触类旁通

你的好朋友卢卡斯（Lucas）和你本周六晚上要去参加演唱会，但是你因为个人原因不能参加，假设你是李华，请用西班牙语写一封邮件，内容包括：

（1）表达歉意；

（2）解释原因；

（3）和他另约时间见面。

注意：词数90～110个。

类型3 Carta de agradecimiento 感谢信

Tienes un compañero español y te ayuda mucho en el estudio de español, así que quieres escribirle una carta para agradecerlo.

你有一个西班牙朋友，他在你的西班牙语学习中给予了你很多帮助，因此你想写信感谢他。

范文与译文

Querido amigo:

¡Hola! ¿Va todo bien? Con esta carta quiero decirte que estoy muy agradecida por lo que has hecho por mí en el aprendizaje del español.

Recuerdo el día en el que me costaba mucho aprenderme las palabras en españoles, pero me dijiste que la mejor manera de estudiarlos era ponerlos en contexto y que la lengua era una herramienta para comunicarse y yo tenía que aplicarla en la vida diaria. A partir de entonces, querías ayudarme a practicar español cada semana. Ahora, puedo hablarlo con mucha fluidez y me siento muy agradecida no solo por tu amistad y tu ayuda, sino también por tu compañía de estos días. Tu bondad la recordaré para siempre.

Si quieres, me gustaría invitarte a cenar a mi casa antes de que vuelvas a tu país. ¿Qué te parece? Espero tu respuesta.

Un abrazo,

Ana

译文

亲爱的朋友：

你好！一切顺利吗？我想通过这封信告诉你，我非常感谢你为我学习西班牙语所做的一切。

记得有一天，我在学习西班牙语词汇时遇到了困难，但你告诉我，学习词汇的最好方法是将它们放在语境中，还有语言是交流的工具，我得在日常生活中使用它。从那时起，你每周都要帮我练习西班牙语。现在，我已经能说一口流利的西班牙语了，我不仅非常感激你对我的友谊和学习上的帮助，也非常感激这些天的陪伴。我会永远记住你的帮助。

如果你愿意，我想在回国前邀请你到我家共进晚餐，你觉得怎么样？期待你的回音。

一个拥抱。

安娜

重点词汇及短语

agradecido, da *adj.* 感激的	estar agradecido, da por 感激
aprendizaje *m.* 学习	recordar *tr.* 记得
costar *intr.* 使困难	aprenderse *prnl.* 记住
vocabulario *m.* 词汇	contexto *m.* 上下文；语境，情景
herramienta *f.* 工具	comunicar *tr.* 沟通，交流
a partir de 从……起	fluidamente *adv.* 流畅地
amistad *f.* 友谊	compañía *f.* 陪伴
bondad *f.* 善良	para siempre 永远

写作主题

感谢信是一种非正式信函，用于表达我们对一个人的感激之情。在写作时可以从两方面提及：其个性品质和为人处世，或做过的具体的事情和产生的影响。前者用一般现在时，后者描述过去事件用过去时（两种时态混合，注意正确选择）。信函结尾通常邀请聚餐和期待回复。

文章详解

段1：打招呼和表达感激。

¿Cómo estás? / ¿Qué tal estás? / ¿Cómo te va? / ¿Todo te va bien?

Le envío esta carta para expresarle mi agradecimiento por…

Quiero expresar mi gratitud por…

Quiero agradecerte por todo este tiempo de amistad.

Muchas gracias por...

No puedo evitar sentirme sumamente agradecido/a por tu generosidad y amabilidad.

段2：描述对方帮助的内容，再次提及感谢。

Recuerdo que ese día…

Ahora…

Gracias por tantas risas, por tantas pláticas, por las bromas, por los detalles, por ser tú siempre y por darme los mejores consejos.

Quiero agradecerte, amigo, a ti y toda tu familia por sus atenciones.

Muchas gracias por tu amistad, por la confianza que me tienes y la oportunidad que me diste.

段3：表达祝福，期待未来；或提出邀请，期待回信。

Nuevamente, quiero expresar mi sincero agradecimiento por tu… Espero poder devolverte este gesto amable en el futuro.

Espero que sigamos cosechando esta amistad con los años.

Espero que nos volvamos a reunir. Saludos para todos.

Amiga, en serio muchísimas gracias.

Si te conviene, nos vemos y quedamos para tomar algo en la cafetería.

¿Qué te parece? / ¿Te parece bien?

段4：告别和署名。

Besos/Un beso/Abrazos/Un abrazo/ Con cariño y arrepentimiento,

×××

词汇拓展

agradecer *tr.* 感激	agradecimiento *m.* 感激
agradecido, da *adj.* 感激的	ayudar a 帮助
ayuda *f.* 帮助	dar/prestar la ayuda 提供帮助
pedir ayuda/favor 请求帮助	gratitud *f.* 感谢
muchas gracias por 非常感谢	consejo *m.* 建议
dar consejos 提建议	generosidad *f.* 慷慨，大方
amabilidad *f.* 亲切	apoyar *tr.* 支持

句子拓展

详见“文章解析”部分。

触类旁通

假设你是李华，在西班牙旅行期间受到了朋友卢卡斯（Lucas）的诸多帮助，请在你回国前给他写一封感谢信。

注意：词数90～110个。

类型4 Carta de aviso 通知信

Se va a organizar una actividad de prestaciones sociales en tu comunidad, escribe una noticia para buscar unos voluntarios.

你所在的社区将组织一次社会公益活动，请写一份通知，寻找一些志愿者。

范文与译文

Estimados voluntarios:

Buenos días. Les escribo esta carta para informarles de la actividad de prestaciones sociales en nuestra comunidad. Este sábado a las dos de la tarde tendrá lugar la celebración de la Fiesta de Medio Otoño para los mayores. Se celebrará en el patio central de la comunidad. Esta actividad es para cuidar a los ancianos sin hijos o cuyos hijos están en otra ciudad y no van a volver en dicha fiesta tan importante en nuestro país.

Les agradeceríamos si pudieran organizar algunas actividades interesantes y diseñar alguna interacción. Si tienen alguna pregunta o necesitan más información, no duden en contactarnos.

Esperamos verlos en nuestra actividad y agradecemos su colaboración.

Saludos,

Comunidad de ×××

译文

亲爱的志愿者们：

早上好。我写这封信是为了告知诸位我们社区的社会服务活动。

本周六下午两点，我们将为老年人举办中秋节庆祝活动。庆祝活动将在社区中心庭院举行。这个活动是为了照顾那些无子女或子女在其他城市、不会在这个我们国家如此重要的节日回来的老人。

如果诸位能组织一些有趣的活动并设计一些互动项目，我们将不胜感激。如有任何问题或需要更多信息，请随时与我们联系。

我们期待在我们的活动中见到大家，感谢配合。

祝好。

×××小区

重点词汇及短语

informar *tr.* 通知
comunidad *f.* 社区
patio *m.* 院子
anciano, na *m.f.* 老人
organizar *tr.* 组织
interacción *f.* 互动
colaboración *f.* 合作
prestaciones sociales 社会援助
tener lugar 发生，举行
cuidar *tr.* 照顾
dicho, cha *adj.* 上述的，提到的
diseñar *tr.* 设计
dudar en 犹豫

写作主题

我们在学校、单位等公共场所都可以看到通知，写通知时需要注意把要求和措施部分交待清楚，一般包括目的、活动名称、内容、参加人员、时间、地点等。

文章详解

段1：表明写信目的，说明活动开展的时间、地点和目的。

Buenos días. Les escribo esta carta para informarles de…

Este sábado a las dos de la tarde tendrá lugar la celebración de la Fiesta de Medio Otoño para los mayores.

Esta actividad es para…

段2：对志愿者的要求，或想要什么样的志愿者，列举出要点。

Les agradeceríamos si pudieran…

Sería mejor si se puede…

Necesitamos algunos voluntarios que puedan…

段3：简洁收尾，表达诚挚邀请

Esperamos verlos en nuestra actividad y agradecemos su colaboración.

段4：告别和署名。

Besos/Un beso/Abrazos/Un abrazo/ Con cariño y arrepentimiento,

×××

词汇拓展

avisar *tr.* 通知	fiesta *f.* 节日；聚会
aviso *m.* 通知	festival *m.* （文艺、体育等的）节；盛会，会演
proyecto *m.* 项目	organización *f.* 组织
programa *m.* 方案；节目	cooperación *f.* 合作
celebrar *tr.* 举办；庆祝	

句子拓展

1. Por medio del presente correo, os convoco a una reunión para tratar...

通过这个邮件，我召集大家开会来讨论……

2. Les convocamos a la reunión que se celebrará [fecha] en [lugar] para tratar el tema de [tema].

我们将在……召集诸位开会，商讨……

3. Esta se celebrará el día [fecha] a las [hora] en [lugar].

将在……举行。

4. La actividad tendrá lugar / se celebrará en...

活动将在……举办。

触类旁通

学生会将组织一次关于“学校的一天（Un día en la escuela)”的视频竞赛，假设你是李华，是该活动的负责人，请在学校的网站上发布该活动的通知，鼓励大家参与。

注意：词数90～110个。

类型5 Carta de reclamación 投诉信

Has observado que en la escuela existe el fenómeno del desperdicio de agua y luz, de modo que decides escribir una carta de reclamación al rector para decírselo.

你发现学校存在浪费水电的现象，因此决定给校长写一封投诉信，向他反映情况。

范文与译文

Estimado rector:

Soy estudiante de la escuela, y le escribo para expresar mi preocupación acerca del desperdicio de luz y agua en nuestro colegio.

En los últimos meses, he notado que en algunas áreas de la escuela se mantienen las luces encendidas durante largos períodos. Además, he observado un uso irresponsable del agua en los baños y el comedor. Los grifos a menudo permanecen abiertos innecesariamente. Esto contribuye a un consumo excesivo en la escuela.

Como estudiante, considero que es importante tomar medidas para proteger el medio ambiente. Para solucionar este problema, sugiero establecer campañas sobre el uso responsable de energía, así como la instalación de dispositivos para regular el consumo en nuestra escuela.

Espero que podamos trabajar juntos para crear un ambiente más sostenible.

Atentamente,

Li Hua

译文

亲爱的校长：

我是学校的一名学生，我想通过这封信表达我对学校照明和用水浪费问题的担忧。

近几个月来，我注意到学校有些地方长时间开着灯。此外，我还发现厕所和食堂存在不负责任的用水现象。水龙头经常在不必要的情况下地开着。这造成了学校用水过量。

作为一名学生，我认为必须采取措施保护环境。为了解决这个问题，我建议在学校开展负责任使用能源的宣传活动，并安装有助于调节消耗的设备。

我希望我们可以共同努力，创造一个更加可持续发展的环境。

此致

敬礼！

李华

重点词汇及短语

desperdicio *m.* 浪费	preocupación *f.* 担忧
innecesariamente *adv.* 不必要地	acerca de 关于
instalación *f.* 安装	responsabilidad *f.* 责任
permanecer *intr.* 保持	tomar medidas 采取措施
sostenible *adj.* 可持续的	excesivo, va *adj.* 过分的，过多的
regular *tr.* 调整；使有规律	representar *tr.* 代表
dispositivo *m.* 装置，设备	consumo *m.* 消费
reclamación *f.* 投诉，抗议	establecer *tr.* 设立；规定
estimado, da *adj.* 尊敬的	sugerir *tr.* 建议
expresar la preocupación 表达担忧	en los últimos meses 最近几个月
permanecer abierto 开着	contribuir a 贡献于
regular el consumo 规范用量	así como 同样，这样
proteger el medio ambiente 保护环境	
mantener las luces encendidas 让灯处于开着的状态	

写作主题

本文主题为投诉信，需根据题干中给出的某一现象发表自己的看法并给出解决方案。

首先要问候收信人，表明写作目的。在第二段主要说明写作的原因，分析浪费的现象以及严重性。接下来写出主要的解决措施，可以从学生、学校等主体进行分析。最后表达期待问题得以解决并告别。

文章详解

段1：开门见山，问候收信人，表明身份以及写作目的："我"是学校的学生，写信是为了表达"我"对学校里水电浪费的担忧。

Soy estudiante de la escuela, y le escribo para expresar mi preocupación acerca de...

段2：具体说明投诉的现象及其严重性。

En los últimos meses, he notado que...Además, he observado...Esto no solo representa...sino que también contribuye a...

段3：提出自己的一些解决方案，可以从多主体考虑。

Como estudiante, considero que es importante ser conscientes de...y tomar medidas para...Para solucionar este problema, sugiero...así como...

段4、段5：表达希望自己的建议能为学校（或其他单位、部分）提供帮助，并礼貌告别。

Espero que mi reclamación sea tomada en cuenta. Y podemos trabajar juntos para...

Gracias por su atención y consideración.

Atentamente,

×××

词汇拓展

motivo *m.* 原因	detalle *m.* 细节
fecha *f.* 日期	incidente *m.* 事件
insatisfacción *f.* 不满意	expectativa *f.* 期望
solución propuesta 提出的解决方案	compensación *f.* 补偿
sinceramente 谨致问候	

句子拓展

1. Me dirijo a usted para expresar mi insatisfacción con...

我写信向您表达我的不满……

2. Quisiera informarle sobre un problema que he experimentado recientemente con...

我想向您告知我最近遇到的一个问题……

3. Lamentablemente, la calidad del producto/servicio no cumplió con mis expectativas debido a...

不幸的是，产品/服务的质量未达到我的期望，原因是……

4. En mi reciente experiencia con su empresa/restaurante, he encontrado el siguiente inconveniente...

在我最近与贵公司/餐厅的经历中，我遇到了以下问题……

5. Me gustaría solicitar una solución a este problema, como...

我希望能就这个问题寻求解决方案，比如……

6. Aprecio su pronta atención a este asunto y le solicito que considere...

我感谢您对此事的及时关注，并请您考虑……

7. Espero que este problema se pueda resolver de manera satisfactoria lo antes posible.

希望这个问题能尽快得到满意的解决。

8. Confío en que tomará las medidas necesarias para abordar este problema de manera efectiva.

我相信您会采取必要的措施，有效地解决这个问题。

9. Quedo a la espera de su pronta respuesta.

我期待您的及时回复。

10. Agradezco de antemano su atención a este asunto.

我预先感谢您对这个问题的关注。

触类旁通

你是李华，你在一家商店遇到了不愉快的经历，并且对店员的态度很不满意。请给商店经理写一封投诉信，内容如下：

（1）购买的食物过期了；

（2）店员对你态度恶劣，不愿意更换食物；

（3）你要求店员退还食物并道歉。

注意：词数90～110个。

类型6 Carta de recomendación 推荐信

Tu mejor amigo quiere que le recomiendes un libro. Escribe una carta de recomendación y preséntaselo.

你最好的朋友想要你给他推荐一本书，请你给他写信介绍要推荐的书籍。

范文与译文

Querido Luis:

¿Cómo estás? Estos días estoy releyendo *Don Quijote*, y me parece una obra clásica de la literatura universal. Por eso, me gustaría recomendártelo.

Este relato épico, escrito por Miguel Cervantes, cuenta la historia y el viaje de Don Quijote y su fiel seguidor Sancho Panza. A través de sus páginas, te encontrarás con personajes inolvidables y situaciones que te harán reír, así como la vida de la España en la Edad Media. La valentía, la locura y el idealismo se mezclan en esta narrativa atractiva.

Su mensaje sobre la búsqueda de ideales y la lucha por la justicia sigue siendo relevante en la actualidad y nos permite perseguir nuestras aspiraciones.

Sin duda, disfrutarás de cada página de esta obra maestra. No dudes en dejarte llevar por las palabras mágicas.

Un abrazo fuerte,

Li Hua

译文

亲爱的路易斯：

这几天我正在重读《堂吉诃德》，我觉得这是世界文学史上的一部经典作品。我想把它推荐给你。

这部由米格尔·德·塞万提斯创作的史诗故事讲述了堂吉诃德和他忠实的追随者桑丘·潘沙的旅程。在书中，你会遇到令人难忘的人物和情节，让你在欢笑中了解中世纪的西班牙。在这部引人入胜的叙事作品中，勇敢、疯狂和理想主义融为一体。

书中传递的关于追求理想和为正义而战的信息在今天依然具有现实意义，让我们能够追寻自己的灵感。

毫无疑问，你将享受这部杰作的每一页。不要犹豫，让自己沉醉在这些充满魔力的文字中吧。

一个大大的拥抱。

李华

重点词汇和短语

releer	*tr.* 重读，再度	locura	*f.* 疯狂
recomendar	*tr.* 推荐	búsqueda	*f.* 追寻
aventura	*f.* 冒险	inspirador, ra	*adj.* 启发的
reflexión	*f.* 反思，思考	perseguir	*tr.* 追寻，寻求
épico, ca	*adj.* 史诗的，英雄的	impresión	*f.* 印象
seguidor, ra	*m.,f.* 追随者	a través de	通过
actualidad	*f.* 当代，现在	relevante	*adj.* 重要的
disfrutar	*tr./intr.* 享受，享乐	sin duda (alguna)	毫无疑问
valentía	*f.* 勇气	duradero, ra	*adj.* 持久的
idealismo	*m.* 理想主义	fiel	*adj.* 忠诚的

写作主题

向别人推荐一部喜欢的电影或者书籍。

文章详解

段1：开篇先问候，表达自己写作的主要目的，简单说明自己要推荐的书目以及缘由。

¿Cómo estás? Estos días estoy releyendo...y me parece una obra clásica...Me gustaría recomendártelo.

段2：介绍推荐书籍或电影的主要内容。

Escrito/Dirigido por...esta obra/película sigue las travesías de...A través de sus páginas/imágines, te encontrarás con personajes inolvidables y situaciones que te harán reír y conocer...

段3：继续讲述推荐书籍或电影更多的现实意义。

Su mensaje sobre...sigue siendo relevante en la actualidad y nos permite perseguir nuestras inspiraciones.

段4：希望同学能够享受书籍或电影，并有一个美好的体验。

Sin duda, disfrutarás de cada página/imagen de esta obra maestra/esta película atractiva y te dejará una impresión duradera. No dudes en dejarte llevar por las palabras mágicas/las imágenes fabulosas.

段5：最后告别，并期待后续更多交流。

Un abrazo fuerte,
Li Hua

词汇拓展

recomendar *tr.* 推荐	calificado, da *adj.* 有资格的
competente *adj.* 能胜任的	confiabilidad *f.* 可靠性
dedicado, da *adj.* 专注的	responsable *adj.* 负责的
habilidad *f.* 能力	trabajo en equipo 团队合作
actitud positiva 积极态度	creatividad *f.* 创造力
cualidad *f.* 特质	excepcional *adj.* 特别的
recurso *m.* 资源	potencial *adj.* 有潜力的

句子拓展

1. Te recomiendo sinceramente que leas...
我真诚地推荐你阅读……

2. Es realmente interesante/atractivo.
它真的很有趣/吸引人。

3. Si buscas una lectura que te lleve a otro mundo, no puedes perder la oportunidad de leer...
如果你在寻找一本能带你进入另一个世界的书，你不能错过……

4. Este libro me dejó sin aliento. No puedo esperar a que lo leas y compartamos nuestras impresiones.
这本书让我屏息以待。我迫不及待地想让你读它，然后分享我们的感受。

5. ¿Has visto...? Es absolutamente increíble. No te la puedes perder.
你看过……吗？真是太不可思议了。你一定不能错过。

6. La trama de...es tan atractiva que no puedes apartar la mirada de la pantalla.
……的剧情如此吸引人，你无法移开视线。

7. Si estás buscando una película que te haga reír, llorar y reflexionar, te recomiendo...
如果你在找一部能让你笑、哭和思考的电影，我推荐你看……

8. Esta historia me atrapó desde la primera página/escena. ¡Definitivamente deberías darle una oportunidad!

这个故事从第一页/第一幕就吸引了我。你绝对应该给它一个机会！

9. No es solo una película/libro, es una experiencia que no querrás perderte.

它不仅仅是一部电影/书籍，而是一次你不想错过的体验。

10. Lo que más me gustó de...es...

我最喜欢的……是……

▶ 触类旁通

最近由吴京导演的具有爱国主义精神的电影《战狼》正在热映，广受观众好评。你有喜欢的电影吗？请给你的朋友写一封信，介绍你最喜欢的一部电影。

注意：词数90～110个。

类型7 Carta de rechazo 拒绝信

Tu amigo Lucas te invita a ir de viaje juntos, pero por algún motivo, no puedes hacerlo. Por favor, escríbele una carta de rechazo.

你的朋友卢卡斯（Lucas）邀请你一起旅行，但是你有事没办法去。请写信拒绝并解释原因。

范文与译文

Querido amigo,

Espero que estés bien. Antes que nada, quiero agradecerte sinceramente la amable invitación a este emocionante viaje. Me gustaría ir, pero me veo obligado a decir que no en esta ocasión.

La razón por la que no podré acompañarte es que hay un concurso de español en el que estoy muy interesado en participar. Necesito dedicar tiempo y concentración para prepararme bien ante el desafío. Mi objetivo es poner mi mayor esfuerzo para ganar la mejor oportunidad de éxito.

Lamento sinceramente no poder viajar contigo ahora. Una vez que el concurso haya concluido, estaré disponible para organizar un nuevo viaje juntos. Espero que puedas entender mi situación y que te lo pases bien.

Saludos,

Li Hua

译文

亲爱的朋友，

我希望你一切都好。首先，我要衷心感谢你盛情邀请我参加这次激动人心的旅行。我很想去，但这次我不得不谢绝你的邀请。

我不能与你同行的原因是，我即将参加一个西班牙语比赛，我对这个比赛非常感兴趣。我需要投入时间和精力，为迎接挑战做好充分准备。我的目标是全力以赴，争取最大的成功机会。

现在不能和你们一起旅行，我由衷地感到遗憾。比赛结束后，我将组织一次新的旅行。希望你能理解我的处境，祝你玩得愉快。

祝好。

李华

重点词汇及短语

antes que nada 首先	dedicar *tr.* 奉献；把……用于
agradecer *tr.* 感谢	concentración *f.* 集中；专心
planear *tr.* 计划	desafío *m.* 挑战
emocionante *adj.* 动人的，令人感动的	esfuerzo *m.* 努力
verse obligado, da a 不得不	oportunidad *f.* 机会
rechazar *tr.* 拒绝	éxito *m.* 成功
ocasión *f.* 机会，场合	lamentar *tr.* 遗憾
acompañar *tr.* 陪伴	concluir *tr./intr.* 结束；最终
concurso *m.* 比赛；汇集	disponible *adj.* 空闲的；可用的
próximo, ma *adj.* 接下来的；邻近的	organizar *tr.* 组织
lamentar no poder 很遗憾不能	estar disponible a/ para 准备做
pasárselo bien 玩得开心	
verse obligado, da a rechazar algo 不得不拒绝	
estar muy interesado, da en 对……感兴趣	

写作主题

本文主题为拒绝信，主要格式是表达遗憾，解释原因，请求谅解，提出新方案。

文章详解

段1：首先表示感谢邀请，并对不能赴约表示遗憾。

Espero que estés bien. Antes que nada, quiero agradecerte sinceramente la amable invitación...Me gustaría ir, pero me veo obligado a rechazar...

段2：具体解释不能赴约或者参加的原因。

La razón por la que no...es que...Necesito...Mi objetivo es...

段3：请求谅解，并提出新方案。

Lamento sinceramente no poder...una vez que...estaré disponible para...Espero que...

段4：告别和署名。

Atentamente/Saludos/Un saludo,

×××

词汇拓展

asunto *m.* 主题
confirmar *tr.* 确认
agradecimiento *m.* 感谢
atentamente *adv.* 致以诚挚的问候
formal *adj.* 正式的
participante *m. f.* 参与者
respuesta *f.* 回复
cordialmente *adv.* 诚挚地
saludos cordiales 问候
informal *adj.* 非正式的

句子拓展

1. Agradecemos sinceramente tu interés en...
我们衷心感谢你对……的兴趣。

2. Queremos expresar nuestro agradecimiento por el tiempo y esfuerzo que hiciste en tu solicitud.
我们想表达对你在申请中所投入的时间和努力的感激。

3. Valoramos tu interés en ser parte de nuestro equipo/programa.
我们非常重视你想成为我们团队/项目的一部分的兴趣。

4. Después de una cuidadosa consideración, lamentamos informarte de que no hemos seleccionado tu solicitud.
经过仔细考虑后，我们遗憾地通知你，你的申请没有被选中。

5. Hemos revisado todas las solicitudes con detenimiento y, aunque apreciamos tus habilidades y experiencia, hemos elegido a otro candidato.
我们已经仔细审查了所有的申请，尽管我们非常欣赏你的技能和经验，但我们选择了另一位候选人。

6. Queremos señalar que tu experiencia y habilidades son impresionantes.
我们想指出，你的经验和技能非常令人印象深刻。

7. Aunque no hemos seleccionado tu solicitud en esta ocasión, te alentamos a que sigas buscando oportunidades y a que consideres aplicar en el futuro.
虽然这次我们没有选择你的申请，但我们鼓励你继续寻找机会，并考虑将来再次申请。

8. Agradecemos nuevamente tu interés y te deseamos éxito en tus futuras aspiraciones.
我们再次感谢你的兴趣，并祝你在未来的追求中取得成功。

9. Lamentamos cualquier decepción que esto pueda causar y agradecemos tu

comprensión.

我们对此可能造成的任何失望感到遗憾，并感谢你的理解。

触类旁通

假设你是李华，你的朋友卢卡斯 (Lucas) 邀请你和他一起参加游泳培训班，但你不感兴趣。请写一封信委婉地拒绝他并说明情况。

注意：词数90～110个。

类型8 Carta de invitación 邀请信

Con motivo de la fiesta del Medio Otoño, quieres invitar a su profesor español para cenar en tu casa. Escríbele una carta de invitación.

为了庆祝中秋节，你想邀请你的西班牙语老师到家里作客。给他写一封邀请函。

范文与译文

Estimado profesor:

Espero que se encuentre bien. Recuerdo que ha mostrado mucho interés por las fiestas tradicionales chinas cuando las hemos mencionado en clase. Con motivo de la Fiesta del Medio Otoño, me complace invitarlo a mi casa para una cena especial. Como profesor de España, su presencia añadiría un matiz específico a la celebración.

Durante la fiesta, podremos disfrutar de diversas actividades tradicionales, como encender las linternas y apreciar la luna llena. Además, compartiremos platos típicos de esta fiesta, como los deliciosos pasteles de luna y el té de crisantemo.

Para llegar a mi casa, puede tomar la línea 3 de metro hasta la Estación Central y estaré encantado de recogerlo allí. Espero sinceramente que pueda unirse a nosotros. Por favor, dígamelo antes del 12 de agosto para que hagamos las preparaciones necesarias.

Saludos cordiales,

Li Hua

译文

亲爱的老师，

我希望您一切都好。记得我们在课堂上谈到中国传统节日时，您表现出了浓厚的兴趣。值此中秋佳节之际，我很高兴邀请您来我家共进晚餐。作为一名来自西班牙的教师，您的到来将为我们的庆祝活动增添别样的色彩。

宴会期间，我们将能够享受各种传统活动，如点亮灯笼和欣赏月亮。此外，我们还将分享这个节日的典型美食，如美味的月饼和菊花茶。

您可以乘坐地铁 3 号线到中央车站，我很乐意到那里接您。我衷心希望您能和我们一起度过这个节日。请您在 8月12日之前通知我，以便我们做出必要的安排。

谨致问候。

李华

重点词汇及短语

con motivo de　时值；由于
complacer　*intr.*　使……高兴；取悦
mostrar　*tr.*　展示；表现出
recordar　*tr.*　记得；提醒
añadir　*tr.*　添加；增添
matiz　*m.*　色彩；颜色
específico, ca　*adj.*　特色的；特定的
presencia　*f.*　出席；出现
honor　*m.*　荣幸
típico, ca　*adj.*　有寓意的；典型的
compartir　*tr.*　分享
linterna　*f.*　提灯；手电筒
apreciar　*tr.*　欣赏
pastel　*m.*　糕点；馅饼
hermoso, sa　*adj.*　美丽的
encender　*tr.*　打开；点亮
crisantemo　*m.*　菊花
festividad　*f.*　节日；庆典
unirse　*prnl.*　加入；联合
significativo, va　*adj.*　有意义的
encontrarse bien/mal　（状态）好/不好
con motivo de la Fiesta del Medio Otoño　在中秋节之际
ser un honor　是一种荣幸
actividades tradicionales　传统活动
estar encantado de　乐意

写作主题

该主题为邀请信，通常包含以下三个方面：

1. 邀请原由；
2. 活动内容：可以做什么内容；
3. 时间/地点/交通。

文章详解

段1：先问候，然后介绍邀请的原因。

Espero que se encuentre bien. Con motivo de...me complace invitarlo a...su presencia añadiría un matiz específico a la celebración y sería un honor tenerlo aquí...

段2：具体解释邀请的地点或者派对的缘由、内容和活动。

Durante la fiesta, podremos disfrutar de diversas actividades tradicionales...Será una oportunidad única para compartir culturas y experiencias.

段3：介绍来到聚会地点的交通方式以及期望得到回复的日期。

Para llegar a mi casa, puede tomar el metro...y estaré encantado de recogerlo allí.

Espero sinceramente que pueda unirse a nosotros a esta festividad tan significativa. Por favor, avíseme antes de...para que podamos hacer los arreglos necesarios.

段4：告别和署名。

Atentamente/Saludos/Un saludo,

× × ×

词汇拓展

lamentablemente *adv.* 不幸地	cumplir con requisitos 符合要求
decisión difícil 艰难的决定	competencia fuerte 强大的竞争
criterios específicos 具体标准	seleccionado, da *adj.* 被选中
falta de experiencia 缺乏经验	sobrecualificado, da *adj.* 非常优秀
no apto para el puesto 不适合这个职位	mejores candidatos 更好的候选人
adecuado, da *adj.* 合适的	mucha competencia 激烈的竞争
asunto *m.* 主题	participante *m. f.* 参与者
confirmar *tr.* 确认	respuesta *f.* 回复

句子拓展

1. Nos gustaría invitarte cordialmente a…

我们诚挚地邀请你……

2. Tenemos el placer de invitarte a…

我们很高兴地邀请你……

3. Sería un honor contar con tu presencia en…

能够在……与你共同出席将是一种荣幸。

4. La fecha del evento será el...

活动日期将是……

5. La ubicación será en...

地点将在……

6. La hora de inicio está programada para las...

活动预计开始时间为……

7. Nos encantaría que compartieras este momento especial con nosotros.

我们很愿意与你分享这个特殊的时刻。

8. Tu presencia significaría mucho para nosotros.

你的出席对我们意义重大。

9. Queremos celebrar este evento contigo y apreciar tu participación.

我们希望能与你一起庆祝这一盛事，并感谢你的参与。

10. Agradecemos de antemano tu asistencia.

我们提前感谢你的出席。

11. Estamos agradecidos por considerar nuestra invitación.

我们感谢你考虑我们的邀请。

12. Tu presencia será muy apreciada.

我们将非常感激你的到来。

13. Esperamos tu respuesta.

我们期待着你的回复。

14. Quedamos a la espera de tu confirmación.

我们等待你的确认。

15. Agradecemos tu atención y esperamos verte pronto.

感谢你的关注，期待很快见到你。

▶触类旁通

你所在的院系将组织一次戏剧比赛，请给你的老师写一封邀请信，邀请他担任评委。

注意：词数90～110个。

类型9 Carta de sugerencia 建议信

Se va a abrir una tienda en la escuela, y se convocan consejos sobre el lugar y el horario de la tienda y los productos que se venden en ella. Vas a escribir una carta al director para expresar tu opinión y dar tus consejos.

学校里要开一个商店，正在征集关于开设地点、营业时间以及经营产品的建议。假设你是学生李华（Li Hua），请写一封信给校长来表达你的观点和建议。

范文与译文

Estimado director:

Buenos días. Le escribo para compartir algunas ideas sobre la apertura de la nueva tienda en nuestra escuela.

Creo que ubicarla en una zona cerca del área de recreo aseguraría una mayor participación. Además, sugiero que la tienda esté abierta antes del inicio de las clases y durante los descansos para maximizar la conveniencia.

En cuanto a los productos, considero que sería ideal ofrecer una combinación de alimentos saludables, como frutas y yogures, junto con bocadillos y bebidas, para fomentar un hábito saludable entre los estudiantes. También podríamos incluir materiales escolares para cubrir las necesidades diarias. La tienda serviría para promover el espíritu solidario, como el intercambio de libros o artículos usados.

Espero que estos consejos sean útiles para el éxito de la tienda.

Atentamente,

Li Hua

译文

亲爱的校长：

早上好。我写这封信是想谈谈我对在我校开设新商店的一些想法。我认为，将商店开在靠近操场的地方可以确保更多的人参与进来。此外，我建议商店在上课前和课间休息时营业，以最大限度地方便学生。

在产品方面，我认为最好能提供水果、酸奶等健康食品，以及零食和健康饮料，以鼓励学生养成健康的生活习惯。我们还可以提供学习用品，以满足他们的日常需要。商店还可以成为一个促进团结精神的空间，比如交换书籍或旧物品。

我希望这些建议对商店的成功经营有所帮助。

此致

敬礼！

李华

重点词汇及短语

recomendar *tr.* 建议推荐	seguir consejos 听从建议
sugerir *tr.* 建议	sugerencia *f.* 建议
perspectiva *f.* 观点	punto de vista 观点看法
recomendación *f.* 推荐；建议	prestar atención a 注意
tener en cuenta 考虑	tener que 必须，应该
obligar *intr.* 强制；必须	vigilar *tr.* 监督
apertura *f.* 开放；开始；开业	ubicar *tr.* 位于；放置
combinación *f.* 结合；配合	área *f.* 区域
asegurar *tr.* 保障；保证	material escolar 学习用品
participación *f.* 参与；股份	fomentar *tr.* 促进；增进
promover *tr.* 推动；倡导	inicio *m.* 开始；开端
espíritu *m.* 精神；灵魂	solidario, ria *adj.* 团结的；共同的
maximizar *tr.* 最大化	contar con 拥有；指望
estar emocionado, da por 对……感到兴奋	

写作主题

就在学校里开商店应该考虑的因素给校长提建议。

文章详解

首先问候并写出写信的目的，然后从商店的位置、商店售卖的产品以及商店的营业时间三个方面去分析，完成书信主体的写作，最后是祝愿以及告别。

段1：问候，点明写信的目的。问候可以通过多种方式呈现。需表明自己建议的大概内容。

Espero que se encuentre bien/esté bien; Espero que esta carta le pueda servir...

Me dirijo a usted para.../Le escribo para...

段2～3：分别从商店的位置、营业时间以及所售卖的物品考虑提出建议并阐明建议的理由：

表达观点可以用creo/pienso/considero/sugiero/aconsejo que...

之后要解释原因：如建在休闲区域附近是为了有更多人光顾；在上课前和休息时间开店是为了方便学生购买；售卖健康食物及饮品是为了培养学生们的健康饮食的习惯，卖文具是为了为同学们提供学习生活日常所需；同时为了同学们之间的团结友爱，可以商店寄存二手物品和书籍进行交换等等。

段4：美好祝愿以及道别。此时要注意，告别如果用第一人称，要用句号；如果是用第三人称，不需要标点符号；如果是没有人称的副词或者名词，则使用逗号结尾。

词汇拓展

dieta variada 多样化饮食

fibra *f.* 纤维

comida basura 垃圾食品

cambios de estado de ánimo 情绪变化

la salud mental 心理健康

problemas para concentrarse 难以集中注意力

vitamina *f.* 维生素

hidrato de carbono 碳水化合物

alto aporte calórico 高热量摄入

falta de memoria 记忆力减退

liberar el estrés 释放压力

frutas, verduras, carne, pescado, cereales, huevos, leche y legumbres 水果，蔬菜，肉，鱼，谷类，鸡蛋，牛奶，豆类

句子拓展

1. Le escribo para ofrecerle una sugerencia que creo que podría ayudar a mejorar...

我写信给您提供一个我认为可能有助于改善……的建议。

2. Estoy muy contento con...Sin embargo, existen varios problemas y quería ofrecer mis sugerencias.

我对……感到非常满意；然而，我想对存在的问题提供我的建议。

3. Creo que este cambio podría mejorar mucho...

我认为这个改变可能会大大改善……

4. Gracias por considerar mi sugerencia. Espero sus respuestas.

谢谢您考虑我的建议。期待您的回复。

5. Estar de acuerdo con.../No estoy (nada) de acuerdo con...

同意……/我不同意……

6. Estar a favor de.../Estoy en contra de...

支持……/我反对……

7. Creo/Pienso/Opino/Considero que...

我认为……

8. Para mí/personalmente

对我来说……

9. (A mí) me parece que...

我觉得……

10. En mi opinión/a mi juicio

在我看来……

11. Desde mi punto de vista...

从我的角度来看……

12. Está clarísimo que...

很明显……

13. Te recomiendo/sugiero/aconsejo que + subj.

我建议你……

14. Yo recomendaría/sugeriría/aconsejaría+inf.

我会建议……

15. Se debería+inf.

应该……

16. Es necesario/importante/imprescindible/obligatorio que + subj.

需要……

触类旁通

假设你是李华，你西班牙朋友卢卡斯(Lucas)想参加HSK考试，以便申请中国的大学。但他发现学习中文很困难，所以他写信给你，请你回信给他一些学习中文的建议。

注意：词数90～110个。

Parte 4

应用文讲解

一 应用文写作介绍

西班牙语高考应用文写作是考查学生西班牙语实际应用能力的重要部分，通常包括通知、邮件、便条、启事等日常应用文体的写作。这类写作旨在检验学生在真实生活或学习场景中，能否准确、得体、简洁地使用西班牙语进行书面交流。

写作要求

1. 格式规范：应用文写作需要遵循西班牙语书信和通知的规范格式，包括正确的称呼、正文、结束语和署名等。学生需要熟悉这些格式，并在写作时准确应用。

2. 内容清晰：写作内容应简洁明了，直截了当地传达信息。学生需要清晰地表达写作目的，确保读者能够快速理解。

3. 语言得体：语言使用要符合文体和场合，避免使用过于口语化或不适当的表达。学生需要根据写作对象和场合选择合适的语言。

4. 目的明确：每篇应用文都有其特定的写作目的，如告知、请求、建议等，写作时要紧紧围绕这一目的展开。

写作技巧

1. 审题准确：在写作前，学生需要认真审题，明确写作任务和要求。这有助于确保所写内容符合题目要求。

2. 列出要点：在写作前，列出要点有助于组织思路，确保内容完整且条理清晰。学生可以根据要点逐一展开，使文章更具逻辑性。

3. 使用模板：对于不同类型的应用文，可以事先准备一些模板，以便在写作时快速套用。这有助于提高写作效率和准确性。

4. 检查修改：完成写作后，学生需要仔细检查语法、拼写和标点错误，并进行必要的修改。这有助于提高文章质量。

西班牙语应用文写作虽然难度不大，但也需要学生在日常学习中多加练习，掌握基本的写作技巧和规范。通过不断的实践和积累，相信学生们一定能够在高考中取得优异的成绩。同时，学生还需要注重提高语言实际应用能力，多进行口语和书面练习，以便更好地应对各种考试和日常生活场景。

应用文1 缺席派对，表达歉意

你的朋友卢卡斯（Lucas）本周末要举办一场生日派对，假定你是李华，你因为有事不能参加。请用西班牙语写一封邮件，内容包括：

（1）向卢卡斯说明你不能参加聚会的原因，并请求谅解；

（2）祝贺卢卡斯生日快乐；

（3）提醒他收快递（生日礼物）。

注意：词数30～50个。

范文与译文

Querido Lucas:

¿Qué tal? Siento no poder celebrar tu cumpleaños contigo por un examen y espero que me disculpes.

¡Te deseo un cumpleaños feliz y que se cumplan todos tus deseos de antemano! Por cierto, no te olvides de recoger el paquete mañana, un regalo especial para ti.

Un beso,

Li Hua

译文

亲爱的卢卡斯：

你好吗？抱歉因为考试我不能一起庆祝你的生日，希望你能原谅我。

我提前祝你生日快乐，梦想成真。对了，明天你别忘了取快递，是我送给你的一份特别的礼物。

一个吻。

李华

触类旁通

你的好朋友苏珊娜（Susana）邀请你本周末和她一起去郊游，假定你是李华，你因为个人原因不能参加。请用西班牙语写一封邮件，内容包括：

（1）感谢她的邀请；

（2）向她说明你不能参加郊游的原因，并请求谅解；

（3）祝她玩得愉快。

注意：词数30～50个。

应用文2 询问信息，通知活动

下周西语班将组织师生爬长城，假定你是李华，你负责帮外教卢卡斯（Lucas）购买门票。请用西班牙语写一个邮件，内容包括：

（1）询问外教姓名的正确写法；

（2）询问外教护照号码和电话号码；

（3）告知他出发时间和约定地点。

注意：词数30～50个。

范文与译文

Estimado profesor Lucas:

¿Cómo está? Soy Li Hua.

La próxima semana nuestro grupo visitará la Gran Muralla. Por favor dígame cómo se escriben sus apellidos y su nombre, así como el número de pasaporte y el número de teléfono para que le compre la entrada.

No olvide que hemos quedado en vernos a las ocho a la puerta de la escuela.

Un saludo cordial,

Li Hua

译文

尊敬的卢卡斯老师：

您好吗？我是李华。

下周我们班要去爬长城，请告诉我您姓名的正确写法，护照号码以及电话号码以便购买门票。

您别忘了我们八点在学校门口碰面。

诚挚的问候。

李华

触类旁通

下个月高考完你要去西班牙旅游一周，假定你是李华，就此事发邮件给西班牙好朋友纳乔（Nacho）。请用西班牙语写一个邮件，内容包括：

（1）景点推荐和收费情况；

（2）询问当地的天气和必需品；

（3）告知他航班到达时间和接机地点。

注意：词数30～50个。

应用文3 解释原因，寻求笔记

近期你因病没有去上课，你的朋友琳达（Linda）发来了邮件询问你原因。假定你是李华，请用西班牙语给琳达回一封邮件，内容包括：

（1）解释你没有去上课的原因；

（2）告知她你已经看过医生和身体恢复状况；

（3）询问她课程重点和笔记。

注意：词数30～50个。

范文与译文

Querida Linda:

¿Cómo estás? Muchas gracias por tu preocupación. No fui a la clase ayer debido a un resfriado grave. Esta mañana he ido al médico y ahora estoy mejor. ¿Podrías compartir conmigo los puntos claves de la clase y tus notas? Te lo agradecería mucho.

Saludos,

Lihua

译文

亲爱的琳达：

非常感谢你的关心，你好吗？我因为重感冒没有去上昨天的课。我去看过医生，现在好多了。你能和我分享一下课堂要点和你的笔记吗？我将不胜感激。

祝好。

李华

触类旁通

假定你是李华，近期市博物馆在举办一个西班牙画展，请用西班牙语给你的朋友特蕾莎（Teresa）写一封邮件邀请她一起去看，内容包括：

（1）说明画展的地点和内容；

（2）邀请她并说明见面的时间地点；

（3）说明看展后的其他活动安排。

注意：词数30～50个。

应用文4 通知活动，提醒参加

下个月西班牙语系将组织一次文艺活动，假定你是李华，你负责通知系里的同学们参加活动。请用西班牙语写一个通知，内容包括：

（1）通知同学活动主题和主要内容；

（2）通知活动举办地点和时间；

（3）发出邀请并提醒同学准时参加。

注意：词数30～50个。

范文与译文

AVISO

Este sábado nuestra Facultad de Español va a organizar una actividad de arte y literatura. De 15:00 a 19:00 en el auditorio se celebrarán conferencias y espectáculos teatrales. Es una buena oportunidad para que todos los estudiantes de la facultad disfruten del encanto del español. Recuerden llegar a tiempo.

译文

通知

本周六，我们西班牙语系将组织一场文艺活动。下午3: 00到晚上7: 00将在礼堂举行讲座和戏剧表演。这对系里的所有学生来说都是感受西班牙语魅力的绝佳机会。记得准时到达。

触类旁通

假定你是学生助理李华，本周末图书馆要举行师生摄影展，因此周五将闭馆进行场地布置。请用西班牙语写一个通知，内容包括：

（1）通知同学摄影展的时间和地点；

（2）通知图书馆周五闭馆；

（3）邀请同学来参观摄影展。

注意：词数30～50个。

应用文5 邀请同学，周末计划

你刚刚搬家到巴塞罗那。假定你是李华，你想邀请你的好朋友哈维尔（Javier）来你的城市度过周末。请用西班牙语写一封邮件，内容包括：

（1）告知哈维尔你搬家的消息；

（2）告知哈维尔周末活动安排；

（3）告知哈维尔如何从他的城市到达你的城市。

注意：词数30～50个。

范文与译文

¡Hola, Javier!

¿Cómo te encuentras? Te escribo para informarte de que acabo de mudarme a Barcelona y me gustaría invitarte a pasar este fin de semana aquí. ¿Qué te parece si visitamos algún museo y probamos comidas típicas?

Puedes tomar un tren y te recojo.

Espero tu llegada.

Saludos,

Li Hua

译文

你好，哈维尔！

你好吗？我给你写信是为了告诉你我刚刚搬家到巴塞罗那，并且想邀请你来这里度过周末。我们可以去参观博物馆、品尝当地美食，你觉得怎么样？

你可以坐火车来，我会来接你。

期待你的到来。

一切安好。

李华

触类旁通

你刚刚获得一份奖学金。假定你是李华，你想邀请你的好朋友费利佩（Felipe）来你家里共同庆祝。请用西班牙语写一个邮件，内容包括：

（1）告知费利佩你获得奖学金的消息；

（2）告知费利佩聚会的活动安排；

（3）告知费利佩如何从他家到你家。

注意：词数30～50个。

应用文6 因事请假，征求同意

你下周要去参加一个学术交流活动，所以不能上西班牙语课。假定你是李华，你需要向西班牙语老师努里亚（Nuria）请假。请用西班牙语写一张请假条，内容包括：

（1）说明请假事由；

（2）向老师询问作业，并保证按时完成；

（3）请求允许。

注意：词数30～50个。

范文与译文

Estimada profesora Nuria:

Quisiera disculparme anticipadamente por mi ausencia en la próxima clase de español, ya que me han invitado a participar en un evento académico que se realizará la próxima semana. ¿Podría decirme los deberes para que los haga yo puntualmente?

Agradecería su comprensión y su permiso.

Atentamente,

Li Hua

译文

尊敬的Nuria老师：

我想提前向您道歉，下一堂西班牙语课我会缺席，因为我被邀请参加下周举办的一个学术活动。您可否告诉我需要完成的作业，以便我能按时完成？

希望得到您的理解和许可。

诚挚问候。

李华

触类旁通

你下周要参加一场重要的家庭活动，因此无法上西语课。假定你是李华，你需要向西班牙语老师约瑟芬娜（Josefina）请假。请用西班牙语写一个请假条，内容包括：

（1）说明请假事由；

（2）向老师询问作业，并保证按时完成；

（3）请求允许。

注意：词数30～50个。

应用文7 发出祝福，表达思念

正值新年之际。假定你是李华，你想给你的小学老师玛丽亚（María）送上祝福。请用西班牙语写一张明信片，内容包括：

（1）祝福老师新年快乐；

（2）表达对老师的思念和感恩；

（3）告知老师你的近况。

注意：词数30～50个。

范文与译文

Querida María:

¡Feliz año nuevo! Quiero expresarte mis mejores deseos en este periodo especial y agradecerte por todo tu apoyo. Siempre pienso en ti con cariño. En cuanto a mí, sigo estudiando con esfuerzo y espero visitarte pronto.

Con cariño,

Li Hua

译文

亲爱的玛丽亚：

新年快乐！在这个特别的节日里，我想向你表达我最美好的祝愿，并感谢你一直以来的帮助。我总是满怀爱心地想念你。我一直在努力地学习，也希望能尽快见到你。

祝好。

李华

触类旁通

春假即将来临。假定你是李华，你想给你的中学老师胡安（Juan）送上问候。请用西班牙语写一张明信片，内容包括：

（1）祝福老师春假愉快；

（2）表达对老师的尊敬和感激；

（3）告知老师你的学习进展。

注意：词数30～50个。

应用文8 介绍教室，征求建议

西班牙语系正在创建西班牙语口语教室。假定你是李华，你代表系里给外教费利佩（Felipe）写一封信，请他对此提一些建议。请用西班牙语写一个邮件，内容包括：

（1）告知外教老师西班牙语口语教室的创建工作正在进行；

（2）口语教室的主要功能和服务对象；

（3）征求外教老师的建议。

注意：词数30～50个。

范文与译文

Estimado profesor Felipe:

¿Cómo se encuentra? Le escribo para informarle de que se está estableciendo un aula en nuestra facultad para que todos los alumnos tengamos un aula específica para practicar español oral y organizar actividades relativas.

Como nos falta experiencia, nos gustaría pedir su consejo.

Saludos,

Li Hua

译文

尊敬的费利佩老师：

您怎么样？我给您写信是为了告诉您，我们系正在建立一个教室，以便所有学生都有一个特定的教室来练习西班牙语口语和组织相关活动。

由于我们缺乏经验，我们想征求您的建议。

一切安好。

李华

触类旁通

系学生会正在组织新年晚会活动。假定你是李华，你代表学生会给全体同学写一封信，征求同学们的建议。请用西班牙语写一个邮件，内容包括：

（1）告知晚会时间和举办地点；

（2）征求同学们的建议（有关节目、布置、嘉宾等）；

（3）告知收集建议的联系方式。

注意：词数30～50个。

应用文9 发出慰问，询问情况

你班交换生埃洛伊（Eloy）上周骑车摔伤在家休息，假定你是李华，你想对他发出慰问。请用西班牙语写一个慰问信，内容包括：

（1）表示安慰和询问身体恢复状况；

（2）询问埃洛伊是否能参加下周学校组织的演讲比赛；

（3）祝埃洛伊早日康复。

注意：词数30～50个。

范文与译文

Querido Eloy:

¿Cómo estás ahorita? ¿Cómo van tus heridas por el accidente de bicicleta? Siento mucho lo que te pasó. Además, la semana que viene se organizará una competición de discurso en la escula. ¿Puedes asistir? ¡Deseo que te mejores pronto!

Saludos,

Li Hua

译文

亲爱的埃洛伊：

你现在好吗？骑车导致的伤口还严重吗？听到这个消息我很伤心。另外，下周学校组织了演讲比赛，你可以参加吗？希望你尽快康复！

安好。

李华

触类旁通

假设你是李华，你的同桌胡安（Juan）因为感冒已经三天没有来上学了，你想对他发出慰问。请用西班牙语写一个慰问信，内容包括：

（1）表示安慰和询问身体恢复状况；

（2）老师布置了小组作业，询问胡安是否可以一起完成；

（3）祝胡安早日康复。

注意：词数30～50个。

应用文10 竞选条件，演讲要点

你校学生会将选举新一届主席，假定你是李华，你的朋友胡安（Juan）打算参加竞选并向你询问建议。请用西班牙语写一封建议信，内容包括：

（1）提醒胡安学生会主席的必备条件；

（2）告诉胡安演讲稿需要包含哪些演讲内容；

（3）祝胡安成功当选。

注意：词数30～50个。

范文与译文

Querido Juan:

Me alegro mucho de que participes en la elección del presidente de la asociación de alumnos. Los requisitos más importantes consisten en la capacidad de organización, la responsabilidad de trabajo y el encanto personal. Y el discurso tiene que contener tus puntos fuertes y tu experiencia al respecto. ¡Te deseo éxito!

Un abrazo,

Li Hua

译文

亲爱的胡安：

得知你想参加竞选学生会主席我感到非常高兴。当选最重要的要求是组织能力、工作的责任心和个人魅力。演讲稿必须包含你的优点和相关的经历。祝你成功！

一个拥抱。

李华

触类旁通

假设你是李华，你的好朋友安娜（Ana）想竞选班长，并想向你询问建议。请用西班牙语写一封建议信，内容包括：

（1）告诉安娜做了3年班长的心得；

（2）告诉安娜竞选演讲稿需要包含哪些内容；

（3）祝安娜成功当选。

注意：词数30～50个。

应用文11 感谢关心，告知近况

作为交换生，你已经在西班牙学习生活了三个月，假定你是李华，你的好朋友索尼娅（Sonia）刚刚发来邮件询问你的近况。请用西班牙语写一封回信，内容包括：

（1）感谢索尼娅的关心；

（2）向索尼娅介绍你的学习和生活情况；

（3）告知索尼娅你最近在准备一场足球比赛。

注意：词数30～50个。

范文与译文

Querida Sonia:

Gracias por tu preocupación. Me he adaptado a la vida de estudiante de intercambio y todo va bien aquí. El campus y los profesores son excelentes. También he hecho algunos amigos amables con los que estoy organizando un partido de fútbol recientemente.

Espero tener noticias tuyas.

Saludos cordiales,

Li Hua

译文

亲爱的索尼娅：

谢谢你的关心。我已经适应了交换生的生活，这里一切都很好。校园和老师们都很棒。我也交了一些友善的朋友，我们最近正在组织一场足球比赛。

期待你的消息。

祝好！

李华

触类旁通

作为交换生，你已经在秘鲁学习生活了四个月。假定你是李华，你的好友李雷刚刚发来邮件询问你的近况。请用西班牙语写一封回信，内容包括：

（1）表达对李雷来信的感谢；

（2）向李雷介绍你的学习和生活情况；

（3）告诉李雷你正在准备一场文化交流活动。

注意：词数30～50个。

应用文12 发出问卷，提醒提交

近期你校下发了一份关于夏令营报名的问卷调查。假定你是李华，你负责提醒同学们及时完成问卷调查表。请用西班牙语写一个通知，内容包括：

（1）说明该问卷的目的；

（2）提醒大家认真填写；

（3）通知问卷收取的截止时间。

注意：词数30～50个。

范文与译文

AVISO

Con el objetivo de evaluar las necesidades y preferencias de los estudiantes que planean inscribirse en el Campamento de Verano, se ha diseñado una encuesta.

Les rogamos rellenarla cuidadosamente y entregarla antes del sábado 8 de junio.

Agradecemos su participación y colaboración.

Atentamente,

Li Hua

Coordinador de actividades estudiantiles

译文

通知

为评估计划参加夏令营的同学们的需求和偏好，我们设计了一份调查问卷。

请大家仔细填写，并在6月8日（星期六）之前交回。

感谢您的参与和配合。

李华

学生活动协调员

触类旁通

假定你是李华，你负责提醒同学们参加即将到来的学校运动会。请你用西班牙语写一份通知，内容包括：

（1）说明运动会的日期和地点；

（2）提醒同学们提前做好准备，包括服装和装备；

（3）鼓励大家积极参与，享受比赛。

注意：词数30～50个。

应用文13 欢迎外宾，介绍节日

正值中秋之际，你的西班牙朋友巴布洛（Pablo）将要来中国。假定你是李华，请你为他简单介绍中秋节以便他提前了解中国传统文化。请用西班牙语写一封邮件，内容包括：

（1）欢迎巴布洛来到中国；

（2）向巴布洛简短介绍中秋节。

注意：词数30～50个。

范文与译文

Querido Pablo:

Me alegra mucho recibir la noticia de que vas a venir a China. ¡Qué ganas de verte! Con motivo de la Fiesta del Medio Otoño, organizaremos actividades para celebrarla, comer pastel de luna, contemplar la luna con los familiares, etc. Es una ocasión para reunirnos con la familia.

Espero que llegues pronto y puedas experimentar esta fiesta.

Saludos,

Li Hua

译文

亲爱的巴布洛：

我很高兴收到你要来中国的消息。欢迎你的到来！时值中秋来临之际，我们将会举办一些庆祝活动，如吃月饼、与家人一起赏月来庆祝这个节日。这是一个家人团聚的时刻。

我希望你尽快到达并体验这个传统节日。

一切安好。

李华

触类旁通

正值春节来临之际，假定你是李华，写信邀请你的阿根廷朋友巴布洛（Pablo）来体验中国年。请用西班牙语写一封邮件，内容包括：

（1）邀请巴布洛来你家过年；

（2）向巴布洛简短介绍春节；

注意：词数30～50个。

应用文14 介绍同学，邀请互动

两名墨西哥交换生将来你校学习一个月。假定你是李华，你需要向同学们介绍这两名新同学（José与Julia）。请用西班牙语写一篇介绍词，内容包括：

（1）对新同学表示欢迎；

（2）介绍新同学的基本信息（姓名、国家、爱好等）；

（3）邀请班上同学向新同学进行自我介绍。

注意：词数30～50个。

范文与译文

¡Bienvenidos a José y Julia de México! Están aquí para un intercambio académico de un mes. José es un amante del fútbol, mientras que a Julia le encanta pintar. Para demostrar nuestro entusiasmo, quisiera pedirles a los hospitalarios compañeros que se presenten primero. ¡Vamos a pasar unos momentos inolvidables!

译文

欢迎新同学何塞和胡丽亚！他们是来自墨西哥的交换生，将在我们学校度过一个月的学习时光。何塞喜欢足球，胡丽亚则热爱绘画。为了向他们展示我们的热情，我想请班上同学向他们介绍自己，一起开启我们愉快的时光！

触类旁通

假定你是李华，作为2025年成都世界运动会的志愿者，你将负责西班牙代表团人员的住宿引导和比赛场地的通知。请用西班牙语为该代表团写一篇欢迎词，内容包括：

（1）对西班牙代表团的运动员、教练员等表示欢迎；

（2）告知西班牙代表团你的工作职责；

（3）祝西班牙代表团取得好成绩。

注意：词数30～50个。

应用文15 寄宿家庭，询问情况

你即将到西班牙进行为期两年的寄宿生活。假定你是李华，你想向学校询问寄宿家庭的情况。请用西班牙语写一封短邮，内容包括：

（1）询问寄宿家庭的家庭情况（人员组成、职业等）；

（2）询问寄宿家庭与学校的距离；

（3）询问寄宿家庭周边的环境。

注意：词数30～50个。

范文与译文

Estimado/a Sr./Sra.:

Soy Li Hua, estudiante de intercambio. ¿Podría proporcionarme detalles sobre la familia anfitriona? Quería saber, por ejemplo, los miembros familiares y sus profesiones. Además, ¿podría indicarme la distancia de la casa a la escuela y detalles del entorno local? Muchas gracias.

Saludos,

Li Hua

译文

尊敬的先生、女士：

早上好。我是李华，一名交换生。您能否给我提供有关寄宿家庭的详细信息呢？例如，我想了解家庭成员及其职业。此外，您能告诉我寄宿家庭到学校的距离以及当地环境的详细情况吗？非常感谢。

致以问候。

李华

触类旁通

假定你是李华，即将要去西班牙交换一年，请写一封短邮给未来的舍友卢卡斯（Lucas），向他介绍自己并询问有关共同生活的细节。内容包括：

（1）自我介绍：姓名、年龄、兴趣爱好等；

（2）询问对方个人爱好、习惯和晚上的作息时间；

（3）表达期待见面。

注意：词数30～50个。

应用文16 实验教室，使用说明

这个学期化学课需要使用实验室。假定你是李华，请你用西班牙语写一个教室使用说明，内容包括：

（1）告知同学们器材保管要求；

（2）告知同学们值日安排；

（3）提醒同学随手关闭电源和门窗。

注意：词数30～50个。

范文与译文

Instrucciones para el uso del laboratorio:

1. Recuerden mantener el equipo correctamente guardado.

2. Observen los turnos asignados para mantener el orden y la limpieza de la clase.

3. Asegúrense de apagar los equipos y cerrar puertas y ventanas después de su uso.

译文

实验室使用说明：

1. 请记得保持设备正确存放。

2. 请遵守分配的轮班安排以保持教室的秩序和清洁。

3. 使用完毕后，请确保关闭设备，并关闭门窗。

触类旁通

假定你是李华，作为学校的西语社团负责人，本周你要带社团同学参观塞万提斯图书馆，请用西班牙语写一个参观指南，内容需包括：

（1）告知同学们集合时间、地点和交通方式；

（2）提醒同学们准时集合及有序排队参观；

（3）告知同学们图书馆内不允许外带食物及大声喧哗。

注意：词数30～50个。

应用文17 推荐学生，预祝成功

西班牙语报社将评选“El/la estudiante más cualificado/a”(最美中学生)。假定你是李华，你想向报社推荐巴科（Paco)。请用西班牙语写一封推荐信，内容包括：

(1) 介绍推荐人的基本信息；

(2) 说明推荐理由；

(3) 预祝活动圆满结束。

注意：词数30～50个。

范文与译文

Estimados señores:

Me dirijo a ustedes para recomendar a Paco para el título de “estudiante más cualificado”. Es un estudiante aplicado, con excelentes calificaciones y activa participación en actividades extraescolares. Estoy muy convencido de que todo esto lo hace digno de este reconocimiento. ¡Les deseo un evento exitoso!

Atentamente,

Li Hua

译文

尊敬的先生们：

我向诸位写信是为了推荐帕科为“最优秀学生”。他是一个勤奋的学生，成绩优异，并积极参与课外活动。我坚信这一切将使他当之无愧地获得这一荣誉。预祝活动圆满成功！

此致

敬礼！

李华

触类旁通

本学期末，你参加的西班牙语社团要选出优秀成员。你是社团文体部负责人李华，请用西班牙语写一篇自荐信，内容包括：

(1) 介绍你个人的信息；

(2) 介绍你本学期组织的主要活动以及主要成就；

(3) 表达对于社团工作的热爱与坚持。

注意：词数30～50个。

应用文18 招新公告，介绍社团

新学期开始了，作为戏剧社的一员，你需要负责招新。假定你是李华，请用西班牙语写一个招新公告，内容包括：

（1）告知同学们报名截止时间和咨询地点；

（2）向同学们简单介绍戏剧社；

（3）欢迎同学们报名。

注意：词数30～50个。

范文与译文

¡Bienvenidos al Club de Teatro!

¡Hola a todos! Les informamos de que la fecha límite de inscripción es el 31 de septiembre. Pueden consultar más información e inscribirse en la Sala 301. En nuestro club, nos enfocamos en cultivar el talento y la creatividad teatrales. ¡Únanse a nosotros!

Saludos,

Lihua

译文

欢迎来到戏剧社

大家好！我们通知大家报名的截止日期是9月31日。您们可以在301教室咨询更多信息和报名。在我们的社团里，我们专注于培养戏剧方面的才华和创造力。欢迎大家加入我们！

祝好。

李华

触类旁通

最近学校社区的志愿服务队即将举办关爱老人的活动，你是成员之一，需要通知同学们积极参与该活动。假定你是李华，请用西班牙语写一个公告，内容包括：

（1）告知活动的时间和地点；

（2）向同学们简单介绍活动内容；

（3）欢迎同学们参与。

注意：词数30～50个。